AF672124

Die Mysterien des Feuers

Samael Aun Weor

Verlag Heliakon

Velag Heliakon

Original Titel: Los Misterios del Fuego
Übersetzer: Osmar Henry Syring
Umschlaggestaltung: Verlag Heliakon

Druck und Vertrieb: BoD - Books on Demand, Norderstedt

©2012 Verlag Heliakon
www.verlag-heliakon.de
info@verlag-heliakon.de

ISBN 978-3-943208-11-5

Das Werk, einschließlich aller seiner Teile, ist urheberrechtlich geschützt. Jede Verwertung ist ohne Zustimmung des Verfassers unzulässig. Dies gilt insbesondere für Vervielfältigungen, Über-setzungen, Mikroverfilmungen und die Einspeicherung und Verarbeitung in elektronischen Systemen.

Die Deutsche Nationalbibliothek verzeichnet diese Publikation in der Deutschen Nationalbibliografie; detaillierte bibliografische Daten sind im Internet über dnb.de abrufbar.

Inhaltsverzeichnis

In der Vorhalle zur Weisheit

Geliebter Schüler:

Viele Bücher sind über fernöstliches Yoga geschrieben worden. Yoga bedeutet *Vereinigung mit Gott*. All die Bücher, die bis zum heutigen Tag über fernöstliches Yoga geschrieben wurden, sind veraltet für das neue Wassermannzeitalter, das am 4. Februar 1962 zwischen 14:00 und 15:00 begann.

Dieses Buch mit dem Titel *Kundalini Yoga* ist für das neue Wassermannzeitalter geschrieben worden. In diesem Buch wollen wir unseren Schülern eine praktische Religion lehren. Alle Religionen lehren uns felsenfeste Dogmen, die wir unumgänglich zu glauben haben, obwohl wir ihre Richtigkeit mit den Augen des Fleisches nicht zu erkennen vermögen.

Wir Gnostiker sind in diesem Punkt anders. Wir wollen den Menschen lehren, wie man alle Dinge, die es jenseits des Grabes gibt, sehen, hören, fühlen, greifen kann: die göttlichen Mysterien, das Unaussprechliche, usw.

Wir behaupten, dass der Mensch einen sechsten Sinn besitzt und er durch diesen, die Engel sehen und mit ihnen sprechen kann. Wir versichern, dass der Mensch einen siebten Sinn hat, der *Intuition* genannt wird. Wenn der Mensch diesen siebten Sinn erweckt, kann er die großen Mysterien des Lebens und des Todes erkennen, ohne in Büchern nach ihnen forschen zu müssen.

Dieser Kurs hat gerade diesen Zweck, lieber Leser. In diesem Buch werdet ihr schreckliche Geheimnisse finden, die niemals im Leben veröffentlicht worden sind. Wir respektieren zutiefst alle Religionen. Und wir respektieren sie nicht nur, sondern überdies lehren wir unsere Schüler die essenziellen Wahrheiten zu sehen, hören, fühlen und greifen, welche alle Religionen in ihren heiligen Büchern vermitteln.

So also ist dieses Buch, das ihr in euren Händen haltet, ein Buch schrecklicher Geheimnisse, die niemals zuvor veröffentlicht wurden. Mit diesem Buch werdet ihr, liebe Leser, eure okkulten Kräfte entfalten können, um Engel, Erzengel, Seraphine, Cherubinen zu sehen, hören, fühlen und greifen.

Mit diesem Buch werdet ihr die Vereinigung mit Gott erreichen können. Die heilige Bibel beinhaltet große Wahrheiten und in ihr sehen wir, wie alle Propheten Gottes die Macht besaßen, mit den Engeln zu sprechen. Dieses Buch, das ihr in euren Händen haltet, ist ein Buch der universellen christlichen gnostischen Kirche. Lest es, erforscht es und meditiert darüber. Das ist das Yoga des neuen Wassermannzeitalters. Am Ende des Buches werdet ihr ein Glossar finden, das euch die Bedeutung vieler Wörter erklärt, die ihr vielleicht nicht kennt.

So also, schlagt jedes Wort, das ihr nicht kennt, im Glossar nach und ihr werdet seine Bedeutung finden. Wir nähern uns der ätherischen Welt. Der Mensch wird das fünfte Element der Natur, den Äther erobern müssen. Dies wird die Eroberung der aktuellen menschlichen Rasse sein.

Der grobe Materialismus wird vor der Majestät des Äthers verletzt zu Boden sinken. Dieses Buch ist für jene, die sich wirklich in Engel verwandeln wollen. Jeder Planet bringt sieben Rassen hervor und stirbt. Unsere Erde hat fünf Rassen hervorgebracht; es fehlen noch zwei. Es gibt sieben Elemente der Natur. Die erste Rasse lebte auf der nördlichen Polkappe und eroberte das Feuer. Die zweite Rasse eroberte, nach langem Kampf gegen die stürmische Atmosphäre des zweiten hyperboräischen Kontinents, die Luft und passte sich völlig dieser neuen Umwelt an. Die dritte Rasse lebte auf dem lemurischen Kontinent und kämpfte gegen tobende, von unaufhörlichen Beben aufgewühlte Meere.

Diese Rasse eroberte das Wasser. Die vierte Rasse lebte auf Atlantis in einer wässerigen Atmosphäre. Der Mensch atmete durch Kiemen, doch mit der Sintflut kam eine völlige Umwandlung seiner physiologischen Prozesse: Seine Lungen entwickelten sich und er konnte sich somit der neuen Atmosphäre anpassen. Da nahm der Mensch die physische Welt mit seinen Augen wahr und eroberte das Element Erde. Gegenwärtig hat die aktuelle menschliche Rasse die Kontinente unseres Planeten bevölkert. Die aktuelle menschliche Rasse hat noch nicht ihren Triumph errungen. Die aktuelle menschliche Rasse wird den Äther erobern. Die Atomforschung wird den Menschen zur Eroberung des Äthers führen.

Von den verschiedenen Planeten unseres Sonnensystems werden interplanetarische Raumschiffe mit Bewohnern anderer Welten zu uns kommen. Jede fortgeschrittene Menschheit der vielen Planeten im Weltraum besitzt diese Art von Raumschiffen.

Den Erdenmenschen sind diese Raumschiffe nicht zu Verfügung gestellt worden aus Angst, er könne auf anderen Welten dieselben Gräueltaten verüben, die er hier auf seinen historischen Eroberungszügen begangen hat. Die Bewohner jeglicher Welten unseres Sonnensystems sind sehr fortgeschritten und wissen sehr viel über die bedauerliche Barbarei, in der sich die Bewohner der Erde befinden. Trotzdem werden die Bewohner der verschiedenen Welten des Sonnensystems offiziell Kontakt zu unserem Planeten Erde herstellen. Diese Menschheiten auf Venus, Mars, Merkur, usw., werden ihre interplanetarischen Raumschiffe entsenden, wodurch vielen Erdenmenschen die Möglichkeit gegeben sein wird, die verschiedenen Planeten des Sonnensystems kennenzulernen. Diese fortgeschrittenen Menschheiten werden dann dem Menschen lehren, jene interplanetarischen Raumschiffe selbst zu konstruieren. Auf diese Weise wird die offizielle Wissenschaft zerschmettert und der menschliche Stolz wird von den fortgeschrittenen Menschheiten des Sonnensystems tödlich verletzt werden.

Im neuen Wassermannzeitalter wird die aktuelle menschliche Rasse den interplanetarischen Äther erobert haben und das Reisen zu den anderen Welten des Sonnensystems wird zur Routine geworden sein. Es wird ein kommerzieller und kultureller Austausch mit dem ganzen Sonnensystem stattfinden und infolgedessen wird der Mensch ein sehr hohes kulturelles Niveau erreichen können.

Später wird die sechste Rasse den antarktischen Kontinent bevölkern und das astrale Licht erobern. Die siebte Rasse wird das kosmische Denken erobern und den Menschen in das Reich der Engel erheben. Ich jedoch sage euch, lieber Leser, dass mit diesem Buch, das ihr in euren Händen haltet, ihr euch in einen furchtbar göttlichen Engel verwandeln könnt, jetzt sofort, wenn ihr es wollt.

Wichtig ist, dass ihr die schrecklich göttliche Wissenschaft ausübt, die wir euch in diesem Buch erschließen.

Der Friede sei mit der ganzen Menschheit.

Samael Aun Weor

Großer Avatar des Wassermannzeitalters

Erster Teil

Die verborgene Anatomie des menschlichen Wesens

Fohat

001. Maha Kundalini ist Fohat.
002. Maha Kundalini ist das universale Lebensfeuer.
003. Die Macht des universellen Feuers hat 7 Grade.
004. O Devi Kundalini, du bist das Feuer der 7 Layazentren des Universums.
005. Die 7 Layazentren des Universums sind die 7 Grade der Macht des Feuers.
006. Im Chaos sind 7 Gemeinden, worin die 7 planetarischen Logoi zelebrieren.
007. Im Rückenmark des Menschen gibt es ebenfalls diese 7 Gemeinden.
008. Bei Tagesanbruch des Lebens zelebrierten die 7 planetarischen Logoi in ihren 7 Tempeln.
009. In der Morgenröte des Mahamvantara feierten die 7 Heiligen in den heiligen Plätzen ihrer Tempel die Rituale der Maha Kundalini.
010. Das materielle Universum existierte nicht.
011. Das Universum existierte lediglich im Verstand der Götter ...
012. Dennoch war für die Götter dieses Universum ideell und objektiv zugleich.
013. Das Universum war, aber es existierte nicht ...
014. Im Schoße des Absoluten *ist* das Universum, aber es existiert nicht ...
015. Sein ist besser als existieren.
016. Die 7 Heiligen befruchteten die chaotische Materie, damit das Leben hervorkäme.
017. Devi Kundalini hat 7 Grade der Macht.

018. Es sind 7 Schlangen: zwei Gruppen zu je Dreien mit der erhabenen Krönung der siebten Feuerzunge, welche uns mit dem Einen vereint, mit dem Gesetz, mit dem Vater ...

019. Diese 7 Grade der Macht des Feuers differenzierten die chaotische Materie in sieben Zustände, worauf die Wahrnehmung unserer 7 Sinne beruht.

020. Die 7 Feuerschlangen eines jeden der 7 planetarischen Logoi befruchteten die chaotische Materie, damit das Leben hervorkäme.

021. Sattwa, Rajas und Tamas (Harmonie, Emotion und Trägheit) befanden sich in vollkommenem nirvanischen Gleichgewicht, ehe die Morgenröte des Mahamvantara anbrach.

022. Das Feuer brachte die kosmische Waage in Bewegung.

023. Sattwa, Rajas und Tamas gerieten aus ihrem Gleichgewicht; das Mahamvantara brach an.

024. Der Yogi muss sich von Sattwa, Rajas und Tamas befreien, will er sich das Recht erwerben, in das Absolute einzugehen.

025. Am Ende des Mahamvantara werden Sattwa, Rajas und Tamas wieder zum vollkommenen Gleichgewicht gelangen und das Universum wird noch einmal im tiefen Schoße des Absoluten und des höchsten Parabrahatman, des Ungenannten, schlafen.

026. Das Universum wird 7 Ewigkeiten schlafen, bis es Maha Kundalini erneut zur Aktivität des Mahamvantara erweckt.

027. Das Chaos ist die Prima Materia des großen Werkes.

028. Das Chaos ist Mulaprakrity, die Urmaterie.

029. Mulaprakrity ist der christische Samen, woraus das Universum entsprang.

030. Wir haben Mulaprakrity in unseren Sexualdrüsen und dort wird das Leben geboren.

031. In den sieben Tempeln der 7 planetarischen Logoi sehen wir auf den Altären 7 heilige Gefäße, gefüllt mit christischem Samen.

032. Dies ist das heilige Symbol des Mulaprakrity.

033. Dies sind die Urwasser des Lebens.

034. Das Wasser ist der Sitz des Feuers.

035. Wer das Wasser verbraucht, verbraucht auch das Feuer und verbleibt in Finsternis.

036. Die 7 Heiligen befruchteten den christischen Samen des Universums, damit das Leben hervorkäme.

037. Der Yogi soll sein Urwasser, seinen christischen Samen mit der großartigen Kraft Devi Kundalinis befruchten.

038. Kundalini ist die Gemahlin des Shiva, des Innersten, des Purusha.

039. Kundalini ist der Geist der Elektrizität.

040. Die Elektrizität ist die Sexualkraft Maha Kundalinis.

041. Kundalini befindet sich zusammengerollt im Chakra Muladhara.

042. Kundalini ist die Schlange, die dreieinhalb Windungen hat.

043. Wenn Kundalini erwacht, zischt sie, wie es die Schlangen tun.

044. Das Prana, Buddhi, die Indriyas, Aham Kar, der Verstand, die sieben Naturelemente, die Nerven — sie alle sind in ihrer Gesamtheit Erzeugnisse Kundalinis.

045. Die Kundalinienergie hat eine enge Beziehung zum Prana, das durch die zweiundsiebzigtausend Nadis oder astralen Gefäße fließt, die unsere Chakren nähren.

046. Die Chakren sind mit dem Verstand verbunden.

047. Der Yogi muss seinen Verstand christifizieren.

048. Das Prana ist das Leben und fließt durch all unsere Organe.

049. Das Prana fließt durch all unsere Nadis oder Lebenskanäle.

050. Alle zweiundsiebzigtausend Nadis unseres Organismus haben ihr Fundament im Nadi *Kanda*.

051. Der Nadi *Kanda* befindet sich zwischen den Geschlechtsteilen und dem Anus.

052. *Kanda* sammelt seine ganze Sexualenergie, die durch die zweiundsiebzigtausend Kanäle unseres Organismus fließt.

053. Diese Sexualenergie ist das Prana, ist das Leben.

054. Der Engel Aroch (leitender Engel) lehrte uns das Pranava *Kandil Bandil R* zur Erweckung Devi Kundalinis.

055. Diese Mantras wirken auf das Kanda und verstärken die Schwingungen des Prana.

056. Somit erweckt das verstärkte Prana die Braut Shiva, welche zusammengerollt im Chakra Muladhara schlummert.

057. Die korrekte Aussprache des Mantrams ist die Folgende:

058. Kan Dil....... Ban Dil..... Rrrrrrr.......

059. *Kan* wird laut gesungen. *Dil* wird leise gesungen.

060. *Ban* wird laut ausgesprochen. *Dil* wird wiederum leise ausgesprochen.

061. Das "R" wird in hohem, anhaltenden Ton gesungen, den Klang der Klapperschlangen nachahmend.

062. Also wird das Prana vom Kanda verstärkt, damit dort, wo die Nadi Sushumna und das Chakra Muladhara zusammentreffen, Devi Kundalini erwacht.

063. Kanda befindet sich genau am gleichen Punkt, an dem sich die Nadi Sushumna und das Chakra Muladhara vereinen.

064. Deshalb wirkt das Pranava des Engel Aroch intensiv auf die Kundalini.

065. Kanda nährt sich von den Sexualorganen.

066. Kanda hat seine physiologische Entsprechung in der *cauda equina* des Rückenmarks.

067. Das Rückenmark verläuft vom Kopf bis zur *cauda equina*, diese sind jene feinen Fäden oder Nervenfasern, die das Ende des Rückenmarks bilden.

068. Das Prana ist sexuell.

069. Die Sexualkraft ist solar.

070. Die solare Energie ist christisch ...

071. Das Prana ist christisch.

072. Der kosmische Christus ist der solare Logos.

073. Die solare Energie hat ihre Quelle im kosmischen Christus.

074. Das christische Prana lässt die Weizenähre wachsen und im Korn eingeschlossen bleibt diese christische Substanz, bereit, verschlungen zu werden.

075. Von den Berggipfeln kommend dringt das Wasser in den Weinstock, um in den Trauben zu reifen, worin alles Leben, alles Prana der Christus-Sonne eingeschlossen bleibt.

076. Deswegen symbolisieren Brot und Wein das Fleisch und das Blut des Märtyrers des Kalvarienberges.

077. Alle Pflanzen evolutionieren durch die starke Kraft des solaren Logos.

078. In unserem organischen Laboratorium löst sich die Nahrung in Milliarden von solaren Korpuskeln auf.

079. Diese solaren Korpuskel werden von den Wissenschaftlern *Vitamine* genannt.

080. Das Beste, die strahlende Kraft der Sonne bleibt in unseren Geschlechtsdrüsen eingeschlossen.

081. Das Aroma der Sonne an sich, die mächtigsten solaren Atome bilden jene halbfeste, halbflüssige Substanz, die *christischer Samen* oder *Mulaprakrity* genannt wird.

082. Mulaprakrity ist der kosmische Christus in Substanz.

083. Also ist im christischen Samen die ganze Kraft Devi Kundalinis.

084. Wer Devi Kundalini erwecken will, muss absolut keusch sein.

085. Wer Devi Kundalini erwecken will, muss seine Sexualkraft mit Weisheit lenken.

086. Die weise Handhabung der Sexualkraft wird *Sexualmagie* genannt.

087. Kein Yogi vermag sich ohne Sexualmagie völlig zu christifizieren.

088. Kanda befindet sich über dem Chakra Muladhara.

089. Dieses Chakra besitzt vier strahlende Blütenblätter.

090. Kanda hat die Gestalt eines Eies.

091. Kanda nährt sich vom kosmischen Christus.

092. Wenn Kundalini erwacht, steigt sie durch das Rückenmark empor.

093. Längs des Rückenmarks liegt der Brahmanadi oder *canalis centralis*, durch den die Kundalini aufsteigt.

094. Unsere Erde hat ebenso ihre Wirbelsäule.

095. Die Wirbelsäule unseres Planeten Erde ist der Berg Meru im Himalaja.

096. Das Chakra Muladhara ist der Sitz Devi Kundalinis.

097. Das Chakra Muladhara befindet sich in der Wurzel unserer Sexualorgane selbst.

098. Also ist das Chakra Muladhara absolut sexuell, und nur mittels der Sexualmagie werden wir es erwecken können.

099. In den geheimen Schulen des östlichen Yogas hat man immer im Geheimen die Sexualmagie gelehrt.

100. In den folgenden Lektionen werden wir unseren Schülern alle Sexualmagie Indiens und Tibets lehren, wie sie schon immer in den geheimen Schulen vermittelt wurde.

101. Nun ist es notwendig, dass unsere Schüler täglich das Pranava des Engel Aroch singen.

102. Es ist dringend notwendig, dass diese Mantras eine Stunde lang täglich gesungen werden.

103. So verstärken wir das Prana, indem wir intensiv auf das Kanda einwirken, um die Gemahlin Shivas, Devi Kundalini zu erwecken.

104. Maha Kundalini liegt jeglicher organischen und anorganischen Materie zugrunde und ist die Ursache von Licht, Wärme, Elektrizität und Leben.

105. In diesem Buch werden wir unseren Schülern alle geheime Wissenschaft Maha Kundalinis lehren. Damit sie ihre okkulten Kräfte erwecken und sich in Logoi, Dyanichohan, Buddhas christischer Art verwandeln.

106. Das Pranava *Kandil-Bandil-R* soll von Paaren beider Geschlechter gesungen werden.

107. Der Mann soll zur Rechten sitzen und die Frau zur Linken.

108. In sitzender Stellung werden Mann und Frau dieses heilige Pranava Maha Kundalinis singen können.

109. Im Morgengrauen des Mahamvantara zelebrierten die sieben planetarischen Logoi in ihren Tempeln die Rituale der Maha Kundalini.

110. Ich, Samael Aun Weor, war Zeuge der Morgenröte des Mahamvantaras.

111. Ich erinnere mich noch, wie ich die sieben heiligen Tempel des Chaos aufsuchte.

112. Dem Logos eines jeden Tempels zur Seite war eine unbeschreiblich erhabene Dame.

113. Gewiss gab es keine getrennten Geschlechter, doch die erhabenen Götter verstanden es, sich den Umständen entsprechend zu polarisieren.

114. Die Elohim oder Prajapatis sind Hermaphroditen.

115. Ein Prajapati oder Elohim kann seinen männlichen oder seinen weiblichen Pol zum Vorschein kommen lassen, um sich zu polarisieren.

116. Also ließen die sieben planetarischen Logoi ihr männliches Wesen zum Vorschein kommen.

117. Also ließen ihre Isis ihren weiblichen Aspekt zum Vorschein kommen.

118. Jetzt werden unsere Schüler verstehen, dass im Innern eines jeden Tempels des Chaos die Götter in Paaren arbeiten und die Rhythmen des Feuers singen.

119. Kindergruppen (Prajapatis oder Elohim) bildeten Chöre zusammen mit diesen erhabenen Paaren.

120. Das heilige Feuer entspringt dem Gehirn des Vaters und dem Schoße der großen Mutter.

121. Diese Vermählung des heiligen Feuers machte Mulaprakrity fruchtbar, damit das Leben hervorkäme.

122. Die Urmaterie des großen Werkes ist der christische Samen.

123. Die Urmaterie des großen Werkes ist der Mazar der Götter, das Meer von Milch, die Quelle der Milch und der Verbindungen, das Wasser Amritas ...

124. Das ist die heilige Kuh, aus der das Leben entspringt ...

125. Das sind die Urwasser, die wir in unseren Geschlechtsdrüsen haben.

126. Das Wort der Götter befruchtete die chaotische Materie, damit das Leben hervorkäme.

127. Die Kehle ist eine Gebärmutter, in der das Wort gezeugt wird.

128. Die Kehle ist das Sexualorgan der Götter.

129. Die Sexualmagie des Wortes befruchtete die chaotische Materie, damit das Leben geboren würde.

130. Die Schöpfung des Universums war das Ergebnis der Sexualmagie des Wortes.

131. Im tiefen Schoße Parabrahatmans bestand das Universum aus dem Atom Anu.

132. In prägenetischen oder urgenetischen Zustand kann das Atom Anu weder vervielfacht noch geteilt werden.

133. Alle Atome des Universums sind nichts als vergängliche Erscheinungen des Uratoms Anu.

134. Dieses Uratom ist nirvanisch.

135. Das objektive, materielle Universum wird aus einer nirvanischen Kondensation geboren.
136. Das ganze Universum ist körniges Fohat.
137. Das gesamte materielle Universum besteht aus den Granulationen des Fohat.

Die sieben Grade der Macht des Feuers

001. Das zentrale Nervensystem besteht aus Gehirn, Kleinhirn, Medulla Oblongata und Rückenmark.

002. Das verlängerte Mark verbindet das Kleinhirn mit dem heiligen Rückenmark.

003. Das verlängerte Mark ist mit allen sogenannten unbewussten Funktionen unseres Organismus eng verbunden.

004. Das Rückenmark verlauft von der äußersten Spitze unseres Wirbelsäulenkanals bis zum ersten Steißbeinwirbel.

005. Das Rückenmark ist ein Strang grauer und weißer Substanz.

006. Die graue Substanz liegt in der Mitte und in der Peripherie die weiße Substanz.

007. Die graue Substanz besteht in ihrer Gesamtheit aus unzähligen Nervenzellen und Nervenfasern.

008. Die weiße Substanz besteht aus markhaltigen Nervenfasern.

009. Die ganze Substanz erscheint, als ob sie vom Rückenmarkskanal gestützt würde.

010. Die Versorgung mit Nährstoffen dieser feinen Rückenmarksubstanz erfolgt durch ein zartes Netz von Membranen, das sie umgibt.

011. Sowohl das Rückenmark als auch das Hirn sind von einem mächtigen Fluidum umgeben, das Leadbeater in seinem Werk erwähnt.

012. Dieses wunderbare Fluidum schützt Rückenmark und Gehirn.

013. Das Rückenmark ist gänzlich von einer wunderbaren Hülle unzähliger fetthaltiger Gewebe geschützt.

014. Das Rückenmark teilt sich in zwei symmetrische Hälften, welche durch zwei Einschnitte völlig voneinander getrennt sind: die von Silvio und die von Rolando.

015. Längs des Rückenmarks liegt der *canalis centralis*.

016. Die Nadi Brahmanadi verläuft an diesem Kanal entlang, vom Chakra Muladhara bis zum Chakra Sahasrara.

017. Kundalini steigt durch dieses Nadi bis zum Brahmarandra.

018. Das Brahmanadi ist siebenfach in seiner innerer Beschaffenheit.

019. Jeder einzelne unserer sieben Körper besitzt sein Rückenmark, sein Brahmanadi.

020. Die Kundalini besteht aus sieben Schlangen.

021. Diese sieben Schlangen sind die sieben Radikale.

022. Diese sieben Schlangen von Devi Kundalini sind die sieben Brüder des Fohat; diese sieben Schlangen von Devi Kundalini sind die sieben Grade der Macht des Feuers.

023. Die siebenfache Beschaffenheit des Menschen ist die Folgende:

1	Atman	Der Innerste
2	Buddhi	Das Bewusstsein
3	Höheres Manas	Menschliche Seele oder Wille
4	Niedrige Manas	Verstand
5	Kama Rupa	Körper der Wünsche
6	Lingam Sarira	Vitalkörper
7	Stula Sarira	Physischer Körper

024. Jeder dieser sieben Körper besitzt sein Rückenmark, seine Nadi Sushumna, sein Brahmanadi.

025. Es sind sieben Schlangen: zwei Gruppen zu je Dreien mit der erhabenen Krönung der siebten Feuerzunge, die uns mit dem Einen, mit dem Gesetz, mit dem Vater vereint.

026. Dies sind die sieben Skalen des Wissens.

027. Dies sind die sieben Tore der sieben großen Einweihungen der höheren Mysterien.

028. Über diese sieben Tore herrscht allein die furchterregende Gewalt der Liebe und des Gesetzes.

029. Mit der ersten Einweihung der hohen Mysterien erhebt der Mensch die erste Schlange.

030. Mit der zweiten Einweihung der höheren Mysterien erhebt der Mensch die zweite Schlange und so fort.

031. Der Mensch, der die siebente Schlange erhebt, wird zu einem Maha Chohan.

032. Das Rückenmark dringt in die vierte Hirnkammer ein. Nachdem es die dritte und fünfte Kammer passiert hat, erreicht es das Chakra Sahasrara, welches sich auf dem höchsten Punkt des Scheitels befindet.

033. Das Rückenmark hat dreiunddreißig Wirbel.

034. Die Halsregion besteht aus 7 Wirbeln. Die Rückenregion wird aus 12, der Lendenwirbelbereich aus 5, der Kreuzbeinbereich aus 5 und das Steißbein aus 4 Wirbeln gebildet.

035. Diese Wirbel sind durch faserige knorpelige Polster verbunden.

036. Diese Wirbel sind siebenfach in ihrer Beschaffenheit, denn sie bestehen in jedem der sieben Körper des Menschen.

037. Jeder dieser Wirbel entspricht einer heiligen Kammer in den höheren Welten.

038. So wie der Mensch seine Kundalini durch das Rückenmark aufsteigen lässt, so findet er auch Eingang in jede der heiligen Kammern des Tempels.

039. Jede dieser 33 Kammern ist siebenfach in ihrer inneren Beschaffenheit.

040. Die sieben Aspekte jeder der 33 heiligen Kammern entspricht exakt den sieben Graden der Macht des Feuers.

041. Mit dem ersten Grad der Macht des Feuers erschließt sich uns der erste Aspekt einer jeden der 33 heiligen Kammern.

042. Mit dem zweiten Grad der Macht des Feuers, dem ätherischen Körper zugehörig, erschließt sich uns der zweite Aspekt einer jeden der 33 heiligen Kammern.

043. Mit dem dritten Grad der Macht des Feuers durchdringen wir die 33 heiligen Kammern des Astralkörpers.

044. Mit dem vierten Grad der Macht des Feuers durchdringen wir die 33 Kammern des Mentalkörpers ... und immer so weiter.

045. Mit den sieben Graden der Macht des Feuers christifizieren wir unsere sieben Körper.

046. Mit den sieben Graden der Macht des Feuers erschließen sich uns die Geheimnisse der sieben großen Einweihungen der höheren Mysterien.

047. Unsere ganze Persönlichkeit hat sich in Purusha aufzulösen.

048. Unsere ganze Persönlichkeit muss sich im Innersten auflösen.

049. Wir haben die drei Sitze zur Freiheit und zum Leben zu erwecken.

050. Also bereiten wir uns vor, den strahlenden Weisheitsdrachen zu empfangen, unseren kosmischen Christus, jenen unaufhölichen Atem des Absoluten, der in den Tiefen unseres Seins lebt.

051. Wenn der Mensch seinen strahlenden Weisheitsdrachen empfängt, verwandelt er sich in einen kosmischen Christus.

052. Als Jesus von Nazareth seinen strahlenden Weisheitsdrachen erhielt, verwandelte er sich in einen kosmischen Christus.

053. Johannes der Täufer war ein Eingeweihter des kosmischen Christus.

054. In Herzen jedes Lebens gibt es einen inneren Lebenshauch.

055. Jeder Lebenshauch ist der große Atem, der aus dem Absoluten in der Morgenröte des Mahamvantara hervorgeht.

056. Jeder Lebenshauch ist ein strahlender Drache der Weisheit.

057. Der große Atem ist der kosmische Christus, das Heer des Wortes; er ist Kwan Jin, die wohlklingende Stimme; er ist Avalokiteswara, er ist Vishnu, Osiris, er ist die zentrale Sonne.

058. Wenn der Mensch die sieben Schlangen entlang des Stabes erhebt, dann bereitet er sich vor, nach einer gewissen Zeit der Arbeit, seinen strahlenden Drachen der Weisheit zu empfangen.

059. Dies ist das Herabsteigen Christi zum Menschen.

060. Ich, Aun Weor, empfing meinen strahlenden Drachen der Weisheit, welcher Samael genannt wird, Logos des Planeten Mars.

061. Ich bin der Kalki Avatara des neuen Wassermannzeitalters.

062. Ich bin der kosmische Christus des Wassermann ...

063. Ich bin Initiator der neuen Ära ...

064. Ich bin Samael, der Genius des Planeten Mars ...

Die Wissenschaft des großen Atems

001. Danach kehrte der Engel, der mit mir redete, zurück, weckte mich, wie man jemand vom Schlaf aufweckt,

002. und sagte zu mir: Was hast du gesehen? Ich antwortete: Ich hatte eine Vision: Da stand ein Leuchter, ganz aus Gold, darauf eine Schale und auf ihr sieben Lampen mit je sieben Schnäbeln für die Flammen auf den Lampen.

003. Zwei Ölbäume standen daneben, der eine rechts, der andere links von der Schale.

004. Und ich sprach weiter und fragte den Engel, der mit mir redete: Herr, was bedeuten diese Ölbäume?

005. Und weiter fragte ich ihn: Was bedeuten die zwei Büschel von Olivenzweigen bei den beiden goldenen Röhren, durch die das goldene Öl herabfließt?

006. Er sagte zu mir: Weißt du nicht, was sie bedeuten? Ich erwiderte: Nein, Herr.

007. Er sagte: Das sind die beiden Gesalbten, die vor dem Herrn der ganzen Erde stehen. (Sacharja IV, 1-4, 12-14).

008. Die zwei Ölbaumzweige neben den beiden goldenen Kanälen, aus denen Öl wie Gold herabfließt, sind die zwei Nadis, Ida und Pingala.

009. Ida steigt aus dem rechten Hoden und Pingala aus dem linken Hoden auf.

010. Bei der Frau steigen Ida und Pingala von den Eierstöcken aus empor. Diese sind die beiden Oliven des Tempels. Diese sind die beiden Leuchter, die sich vor dem Thron des Erdengottes befinden.

011. Dies sind die beiden Zeugen, und wenn jemand ihnen schaden möchte, kommt Feuer aus ihrem Mund und verschlingt ihre Feinde.

012. Durch diese beiden Ganglienschnüre steigen die solaren und lunaren Atome unserer Samenenergie empor.

013. Die rechte Nasenhöhle ist mit Pingala verbunden. Die linke Nasenhöhle ist mit Ida verbunden.

014. Man sagt, durch die rechte Nasenhöhle steigen die solaren Atome und durch die Linke die Lunaren empor.

015. Die Yogis, die nicht in die Schule der inneren Mysterien eingeweiht worden sind, praktizieren das Pranayama zu dem Zweck, Millionen von solaren und lunaren Atomen der Außenwelt in das magnetische Kraftfeld der Nase zu ziehen.

016. Nichts sucht der esoterische, eingeweihte Yogi im Äußeren, in der Welt der Maya; alles sucht er in sich selbst.

017. Wenn ein esoterischer Yogi das Pranayama praktiziert, sucht er allein das Aufsteigen seiner Sexualkraft von den Hoden bis zum heiligen Kelch des Gehirnes.

018. Das Pranayama ist ein esoterisches System, um den Samen in christische Energie umzuwandeln.

019. Das Pranayama ist ein System zur Umwandlung der Sexualenergie.

020. Wenn der esoterische Yogi Prana oder vitalen Christus durch die rechte Nasenhöhle einatmet, wenn er dieses Prana durch die linke Nasenhöhle ausatmet, und umgekehrt, wenn er links einatmet und rechts ausatmet, sucht er nicht äußere Atome anzuziehen, wie es die Profanen glauben, sondern das Aufsteigen der solaren und lunaren Atome von den Hoden bis zum Magnetfeld der Nasen-wurzel.

021. Der Hellseher, der in diesem Augenblick die Ganglienschnüre (Ida und Pingala) des Yogis während des Pranayama beobachtet, wird das reine Wasser von Amrita, das Urwasser der Genesis durch die Nadis Ida und Pingala hinauffließen sehen.

022. Swara ist die Wissenschaft des Atems. Swara ist die heilige Wissenschaft der Atmung.

023. Tom-Sa-Ham sind die Mantras des Einatmens. Tom-Ra-Ham die des Ausatmens, deren Extreme der rhythmischen Komprimierung und Ausdehnung der undifferenzierten kosmischen Materie, Prakrity oder Mulaprakrity entsprechen. (*Biorhythmus* des Meisters Huiracocha).

024. Aus dem Mantram *Swa-Ra* bildet sich das sublime Swara, von welchem im Vers 15 des Shivagama geschrieben steht: Im Swara sind die Veden und die Zastren (heilige Schriften der Hindus). Im Swara sind die drei Welten. Swara ist die Spiegelung Parabrahatmans (das absolut einzige Alles). Deshalb schreiben manche Autoren Swara ist das Leben, und fügen hinzu: Swara ist die Musik ... (*Der Biorhythmus, Dr. Arnold Krumm-Heller, Huiracocha, S. 72*).

025. Swara bildet dann die Basis der fünf Tattwas, da dieses die fünf Abwandlungen des großen Odems sind (*Biorhythmus*).

026. Nun gut, dieser große Atem ist der kosmische Christus, Avalokiteswara, Kwan-Yin, die wohlklingende Stimme, das Heer des Wortes, dessen Anführer ein Paramartasatya ist, den die Menschheit unter dem Namen *Jesus Christus* kennt.

027. *Jesus Christus* ist der größte Eingeweihte, der zur Welt kam.

028. Das Heer des Wortes ist der Wagen von Merkabah, dessen Lenker Jesus Christus, der göttliche Rabbi aus Galiläa ist.

029. Jesus Christus ist ein Bewohner des Absoluten, der der Glückseligkeit Sat, dem Unmanifestierten entsagte, um in die Welt mit dem Swara, der Spiegelung Parabrahatmans zu kommen.

030. Also ist Pranayama die christische Wissenschaft des großen Atems oder des kosmischen Christus.

031. Dieser große universelle Lebensatem, dieser kosmische Christus hat seinen Sitz in unserem christonischen Samen.

032. Wenn der Yogi das Pranayama praktiziert, arbeitet er mit dem großen Atem oder dem kosmischen Christus, welcher im christonischen Samen wohnt.

033. Das Pranayama (eine Übung, die darin besteht, tief einzuatmen und die Luft so lange wie möglich anzuhalten, während danach beim Ausatmen die Lungen völlig entleert werden) weist ebenfalls zwei Energiepole auf: einen Maskulinen und einen Femininen. Der Erste befindet sich im Gehirn (zentrales Nervensystem) und der Andere im Herzen (Sympathikus). Und so, wenn sich zwei Pole im Raum und damit ein Magnet bildet, erschaffen wir ohne Zweifel neue Energien und notwendigerweise einen dritten Pol. Wir behaupten, dass dieser dritte Pol Devi Kundalini ist, die aus der Vereinigung der solaren und lunaren Atome im Triveni, das sich im Steißbein befindet, geboren wird.

034. Diese Polarität des großen Atems zwischen dem Männlichen und dem Weiblichen beweist die Sexualität von Prana und Kundalini.

035. Kundalini ist absolut sexuell.

036. Die Leute neigen dazu, die Sexualität als etwas Schmutziges und furchtbar Leidenschaftliches zu verstehen. Der Yogi kommt dem *Dsa, Usthi, Uste* (Begierde) zuvor, und verneigt sich ehrerbietig vor den gnostischen Mysterien der Sexualität, weil er diese als eine heilige Funktion Devi Kundalinis erkennt.

037. Der Yogi weiß, dass im Wasser Amritas (dem christonischen Samen) das Feuer wohnt.

038. Der Yogi weiß, dass alle Kraft des solaren Logos im pflanzlichen, tierischen und menschlichen Samen eingeschlossen ist.

039. Der Yogi weiß, dass die Sexualität die heilige Kraft ist und nicht durch Unzucht entweiht werden darf.

040. Die Atmung durch die rechte Nasenhöhle wird Suria oder Pingala genannt und ist das Mittel, die solaren Atome von unseren Geschlechtsdrüsen aufsteigen zu lassen.

041. Die Atmung durch die linke Nasenhöhle wird Chandra oder Ida genannt. Mit ihr erreichen wir, dass unsere lunaren Atome von den Geschlechtsdrüsen emporsteigen.

042. Mit den Übungen des Pranayama stärken wir die drei Atem des reinen Akasha. Diese drei Atem verbinden sich mit den solaren und lunaren Atomen unserer Geschlechtsdrüsen um Devi Kundalini zu erwecken.

043. Prana ist der vitale Christus oder große Atem. Dieser vitale Christus verwandelt sich in Akasha, worin der erstgeborene Sohn, der Purusha eines jeden Menschen sich verbirgt.

044. Das Akasha wird zu Äther und dieser zu Tattwas. Diese Tattwas geben Feuer, Luft, Wasser und Erde den Ursprung.

045. Alles was existiert, alles, was war und sein wird, entstammt dem großen Atem, dem kosmischen Christus, dem Heer des Wortes, dessen höchster Anführer Jesus Christus ist.

046. Paranishpana (absolute Glückseligkeit) ohne Paramarta (erwachtes Bewusstsein) ist keine Glückseligkeit.

047. Jesus Christus erlangte Paramarta und Paranishpara. Jedoch entsagte er der Glückseligkeit des unmanifestierten Absoluten, um Menschen und Götter zu erretten.

048. Als die Elohim, die glorreichen Dyanis auf dem Webstuhl Gottes zu weben anfingen, weinten sie aus Schmerz beim Anblick der Dämmerung des unerschaffenen Lichtes, das im erschreckenden Westwind unterzugehen schien.

049. Jesus Christus, der große Paramartasatya, durchquerte den Dyani-Pasha und kam zum kosmischen Garten, um die Götter zu retten, deren unzählige jungfräuliche Funken oder Jivas während diesem Maha Kalpa involutionieren und evolutionieren.

050. Ich, Samael Aun Weor, war Zeuge all dieser Dinge. Ich habe gesehen, als das große Sein in den Tempel hineinging, den Pakt für die Rettung der Menschheit unterzeichnete und sich an seinem Kreuz kreuzigte.

051. Ich habe der Morgenröte des Mahamvantara beigewohnt, und gebe Zeugnis all dieser Dinge.

052. Später sandte der Meister sein Buddha, in den Tagesanbruch der vierten Ronde, damit er sich in diesem Tal der Tränen vorbereiten konnte. Dieses Buddha ist seine Seele, Jesus genannt.

053. Und sein Buddha entzündete seine sieben ewigen Lampen ...

054. Und sein Buddha ließ die sieben Schlangen durch die sieben Kanäle des Leuchters steigen.

055. Als sein Buddha, Jesus von Nazareth, bereit war, trat dort, im Jordan, der strahlende Drache der Weisheit in ihn ein, um zu Menschen und Göttern zu predigen.

056. Das Opfer gab es schon einmal. Der Führer aller kosmischen Christusse, Jesus von Nazareth, wusch mit seinem Blut alle Sünden des Tempels und unterzeichnete den Pakt zwischen Menschen und Kwan-Yin, dem Heer der Stimme, Vishnu, Osiris, dem großen Atem ...

057. Er war der höchste Versöhner zwischen den Menschen und der Gottheit.

058. Die Nadis Ida und Pingala sind die feinen Leiter vom Prana der Sushumna, der christischen sexuellen Energie.

059. Ida und Pingala verbinden sich mit dem Nadi Sushumna in dem Chakra Muladhara.

060. Die Vereinigung dieser drei Nadis in dem Chakra Muladhara wird Mukta Triveni genannt. Diese Begegnung der Nadis wiederholt sich bei den Chakren Anahata und Ajna.

061. Ida ist kalt und Pingala ist warm.

062. Das Nadi Pingala ist aufs Engste verbunden mit den Aufgaben der organischen Assimilation.

063. Ida hat eine blasse Farbe und Pingala ist feuerrot.

064. Der Yogi kann das Prana, das durch das Nadi Sushumna zirkuliert, in dem Punkt Brahmaranda zurückhalten, der sich in der Fontanelle der Neugeborenen befindet.

065. So kann der Yogi den Tod herausfordern und ganze Zeitalter lang leben.

066. Aber das ist nur möglich für den Yogi, der das Elixier des ewigen Lebens erhalten hat.

067. Dieses Elixier ist ein Gas und eine Flüssigkeit.

068. Dieses Gas hat eine elektro-positive und elektro-negative, weiße Farbe.

069. Dieses Gas bleibt im Vitalgrund bewahrt, und so kann der Eingeweihte seinen physischen Körper unterstützen und Millionen von Jahren leben.

070. Die Flüssigkeit verfeinert den physischen Körper.

071. So wird der physische Körper nach und nach vom ätherischen Körper absorbiert und wird damit unzerstörbar.

072. Die Nadis Ida und Píngala befinden sich neben der Wirbelsäule.

073. Diese Nadis winden sich um die Wirbelsäule ähnlich der Form der Zahl acht.

074. Und innen im Nadi Sushumna ist der himmlische Pfad.

075. Kundalini steigt durch den Brahmanadi.

076. Der Brahmanadi befindet sich innen in einem anderen sehr feinen Kanal, der entlang der Wirbelsäule läuft und unter dem Namen Chitra bekannt ist.

077. Über diesem Nadi Chitra befinden sich die sieben Chakren, bekannt unter den Namen Muladhara, Swadhistana, Manipura, Anahata, Vishudda, Ajna und Sahasrara.

078. Wenn Kundalini das Chakra Sahasrara erreicht, dann verbindet sich Buddhi mit Shiva (dem Innersten). Das ist die erste Einweihung der großen Mysterien.

Übung des Pranayama

079. Der Schüler setze sich mit gekreuzten Beinen auf östliche Art und Weise auf den Boden. Diese Position hat den Namen Padmasana in Indien.

080. Schließe das linke Nasenloch mit dem Zeigefinger und atme das Prana durch das rechte Nasenloch ein.

081. Halte jetzt den Atem an, indem du beide Nasenlöcher mit dem Zeigefinger und dem Daumen schließt.

082. Atme durch das linke Nasenloch aus und indem du das rechte Nasenloch schließt, atme durch das Linke ein. Halte noch mal den Atem an und atme durch das Rechte aus.

083. Während des Einatmens stelle man sich vor, dass die sexuelle Energie durch das Nadi emporsteigt, das mit dem Nasenloch verbunden ist, durch das das Prana strömt.

084. Während man das Prana nach unten schickt, denke man an die drei Atem des reinen Akasha, welche durch die Nadis Sushumna, Ida und Pingala absteigen, um das Chakra Muladhara zu erwecken, wo sich Kundalini befindet.

085. Prana ist das läuternde Feuer, welches die Nadies von dem Schmutz reinigt, welcher sie trübt.

086. Die Schleier von Rajas und Tamas verschwinden durch die sexuelle Umwandlung des Pranayamas.

087. Durch die Übung des Pranayamas bereitet der Schüler seinen Verstand für Dharana, Dyana und Shamadí vor.

088. Der Schüler kann zehn Minuten täglich das Pranayama üben.

089. Wenn er die Übung beendet hat, darf der Schüler ein Glas Milch trinken oder etwas Leichtes essen.

090. Die Schüler dürfen auch im Stehen üben.

091. Der Schüler darf langsam ein- und ausatmen und soll sich mit dem Verstand auf seine Pranayama Übung konzentrieren.

092. Es gibt viele Asanas und viele Übungen des Pranayama, aber der Schüler braucht nur diese Übung, um seine sexuellen Energien umzuwandeln.

093. Die Schüler dürfen auch auf einem bequemen Stuhl Platz nehmen, um ihre Übungen zu machen.

094. Bevor der Schüler seine Übung beginnt, soll er zu seinem Innersten beten und tief in ihm meditieren.

095. Der Schüler soll sich tief auf das Chakra Muladhara konzentrieren, sein Purusha (den Innersten) anflehen, er möge Kundalini erwecken.

096. Die östlichen Yogis geben eine große Vielzahl an Übungen für das Pranayama.

097. Sehen wir: tiefe Atmung, Sukha Puruka (bequeme Stellung). Pranayama während des Spaziergangs, Pranayama während der Meditation, rhythmische Atmung, Suryabeda, Ujjayi, Sitakari, Sitali, Bhastrika, Bhramari, Mucha, Plavini, Kevala, Kumbhaka, usw.

098. All diese unzähligen verschiedenen Übungen und Asanas (Stellungen), dienten dem absteigenden Bogen des evolutiven Lebens, aber jetzt beginnen wir den aufsteigenden Bogen der Evolution und darum ist diese enorme Anzahl an Stellungen und Übungen für die neue Ära des Wassermanns veraltet.

099. Jetzt leben die Yogis des neuen Wassermannzeitalters ein intensives und aktives Leben in den Städten und brauchen sich nicht in einsame Wälder zurückzuziehen, weil wir das neue Wassermannzeitalter beginnen, welches voller Geselligkeit, Zusammenarbeit und Bruderschaft unter allen Menschen ist, ohne Unterschied von Schulen, Rassen, Geschlecht, Kasten und Religionen.

100. Die Übungen des Pranayamas dürfen im eigenen Hause gemacht werden, ohne viele Komplikation und ohne dass wir die Pflichten gegenüber unserer Familie, der Gesellschaft, der Menschheit aufgeben müssen.

101. Der Yogi muss absolut keusch sein, andernfalls wird er scheitern.

Die Yogi Ehe

001. Im vorherigen Kapitel haben wir den Esoterismus des Pranayamas studiert. Wir haben entdeckt, dass es ein wissenschaftliches System für die sexuelle Umwandlung für Ledige ist.

002. Das Swara — die Wissenschaft der Atmung — ist völlig sexuell.

003. Die Wissenschaft der Atmung wird verstärkt durch die Verbindung der Ehepartner.

004. Es gibt einen Akt der sexuellen Magie, durch den wir Devi Kundalini völlig erwecken und entwickeln.

005. Die Formel ist wie folgt: das männliche Glied in die Vagina der Frau einführen und es zurückziehen, ohne den Samen zu verschütten.

006. Der gezügelte Wunsch wird den Samen in Licht und Feuer verwandeln.

007. Die seminalen Dämpfe öffnen den unteren Eingang der Wirbelsäule, der bei gewöhnlichen Menschen völlig verschlossen ist.

008. Diese Arbeit wird vollbracht unter der Aufsicht bestimmter Devas, die das Elementarreich der Zedernwälder leiten.

009. Devi Kundalini tritt durch diese Öffnung des Nadi Sushumna.

010. Das Pranayama wird durch die Übungen der sexuellen Magie verstärkt, bis man die Verbindung mit unserm Herrn Shiva erschafft.

011. Der große Atem ist vollkommen sexuell.

012. Die sexuelle Magie verstärkt den großen Atem und entwickelt Devi Kundalini.

013. So evolutioniert, entwickelt sich und schreitet Devi Kundalini fort.

014. Gautama, der Buddha praktizierte seinen Kult der sexuellen Magie mit seiner schönen Frau Yosuddhara.

015. Brahman kann nur der sein, der den Saft von der Pflanze des Mondes (Soma) getrunken hat.

016. Diese Pflanze des Mondes ist die Sexualität, deren Saft (Soma) Kundalini in uns erweckt.

017. Dies ist das Geheimnis der Veden.

018. Die Meisterin Helena Petrovina Blavatsky war ein großer Yogi.

019. Diese große Meisterin musste noch in den letzten Jahren ihres Lebens heiraten, um ihre Selbstverwirklichung und die Entwicklung all ihrer Fähigkeiten zu erreichen.

020. Ein Schüler stellte Meister Morya eine Frage: *Meister, sie haben bereits ihre sieben Schlangen zum Aufsteigen entlang des Stabes gebracht – weshalb haben sie dennoch eine Frau?* Der Meister antwortete: *Weil ich sie bekommen habe, bevor ich mein Feuer erweckt habe und ich brauche sie, um mein Feuer zu beleben.*

021. Der gezügelte Wunsch ermöglicht es, dass die sexuellen Energien durch Ida und Pingala aufsteigen und am Ende verbinden sich die solaren und lunaren Atome von Ida und Pingala im Steißbein, um Devi Kundalini zu erwecken.

022. Während der liebevollen Zärtlichkeiten werden die Elektrizität und das universelle Feuer des Lebens in unserer Atmosphäre gespeichert.

023. Wenn der Mann den Samen ejakuliert, entlädt er sich wie eine elektrische Batterie und scheitert völlig im großen Werk des Vaters.

024. Der gezügelte Wunsch ermöglicht es, dass sich die Samenflüssigkeit in christische Energie umwandelt, die durch die Nadis Ida und Pingala aufsteigt.

025. Der Yogi zieht sich vor dem Orgasmus von der Frau zurück, um die Ejakulation des Samens zu vermeiden.

026. Das Feuer des Samens steigt durch den Nadi Sushumna, entlang der Brahmanadi auf.

027. Auf diese Art verwirklicht sich der esoterische Yogi völlig, wie ein Meister des Tages, wie ein Meister des Mahamvantara.

028. Die Yogis des Wassermannzeitalters verwirklichen sich durch genau diesen sexuellen Kontakt.

029. Die Zeiten sind vorbei, als die Yogis sich in einen Wald zurückziehen mussten, um ihre esoterischen Übungen zu praktizieren.

030. Heute verwirklichen sich die Yogis durch den sexuellen Kontakt selbst.

031. Die Seele des neuen Wassermannzeitalters ist die menschliche Zusammenarbeit.

032. Der Yogi muss in Gesellschaft leben, seinen Brüdern dienen, mit Freude und Optimismus leben.

033. Das neue Wassermannzeitalter erkennt einsiedlerische Yogis nicht an.

034. Das Zeitalter des Maitreya ist jenes der Vereinigung und Bruderschaft zwischen den Menschen.

035. Die Sexualität ist fürchterlich göttlich und deswegen soll der Yogi seinen Verstand von jeglichem Wunsche und tierischen Leidenschaften reinigen.

036. Der Mensch, der die Sexualität mit Ekel betrachtet, entweiht das fürchterliche Geheimnis der Veden und die Wissenschaft des großen Atems, der die Veden und die Satras beinhaltet.

037. Flieht der Yogi vor den heiligen Mysterien der Sexualität, so deshalb, weil er voller Wünsche und tierischer Leidenschaft ist. Jeder Yogi soll seine Ehefrau und seine Kinder lieben und in Harmonie, mit Musik, Liebe und Schönheit leben.

038. Der Engel sieht die Sexualität mit Augen eines Engels, und die Dämonen sehen die Sexualität mit den Augen eines Dämons, obwohl sie sich ein Lammfell überziehen und sich als Heilige verkleiden.

039. Der Yogi gestaltet sein Haus ohne das sechste Gebot Gottes zu verletzen: *Du sollst keine Unzucht treiben.*

040. Während des Aktes der sexuellen Magie kann ein Spermium entkommen, das die lunaren Hierarchien benutzen, um die Gebärmutter zu befruchten, ohne die Notwendigkeit, die Samen zu verschütten.

041. So zeugten die Lemurer ihre Kinder in den heiligen Hallen der Tempel.

042. Es war die Finsternis des lunaren Pfades, welche den heutigen Menschen lehrte, den Samen auszustoßen. Dann versank der Mensch in der Dunkelheit.

043. Jetzt müssen wir zurückkehren zur heiligen Empfängnis des Heiligen Geistes.

044. Die Kinder der Yogis sind Kinder des Sieges. Es sind Kinder der Keuschheit. Es sind Kinder, die durch Kriyashakti erzeugt wurden.

045. Jeder Yogi muss seine Ehefrau und seine Kinder lieben, in Harmonie, mit Musik, Liebe und Schönheit leben.

046. Die Liebe macht würdig, die Liebe erhöht die Seele.

047. Gott glänzt über der perfekten Ehe ...

048. Es gibt nichts Größeres als die Liebe.

049. Der wahre Yogi verwandelt sein Heim in einen Garten Eden des unaussprechlichen Glückes.

050. Die Frau ist die göttliche Priesterin des Yogis.

051. Die Frau verwandelt uns durch den süßesten Zauber der Liebe in unaussprechliche Götter.

052. Die weiblichen und männlichen Yogis verwirklichen sich durch die Liebe. Das ist besser, als ein Einsiedlerleben zu führen.

Zweiter Teil

Die sieben Gemeinden

Das Chakra Muladhara

Die Gemeinde von Ephesus

001. In dem Maße, in dem Kundalini durch die Wirbelsäule steigt, erweckt sie jedes Chakra des Nadi Chitra.

002. Diese sieben Chakren befinden sich in der Wirbelsäule.

003. Diese Chakren befinden sich in einem Schwebezustand, wenn Kundalini im Chakra Muladhara eingeschlossen ist.

004. Aber wenn Devi Kundalini durch das Brahmanadi steigt, zeigen diese wunderbaren Blütenblätter in Richtung Brahmanadi, sie strahlen wundervoll mit dem unvergleichlichen sexuellen Feuer von Kundalini.

005. Heute, in diesem Kapitel, werden wir das Chakra Muladhara studieren.

006. Dieses Chakra befindet sich in die Basis der Wirbelsäule selbst, zwischen den sexuellen Organen und dem Anus.

007. Das ist die Wurzel unserer Geschlechtsorgane und sie erwacht, wenn der Mann und die Frau sich während der Trance der sexuellen Magie verbinden.

008. Der Yogi, der keine Frau hat, kann Kundalini mittels des Pranayama und der Meditation wecken. Aber die komplette, völlige und absolute Entwicklung der sieben Grade der Macht des Feuers ist nur möglich, wenn man die sexuelle Magie mit der Ehefrau-Priesterin übt.

009. Deshalb musste die Yogini Helena Petrovina Blavatsky in den letzten Jahren ihres Lebens heiraten, lange, nachdem der Graf Blavatsky gestorben war.

010. Die sieben Chakren sind die Sieben Gemeinden, von denen uns der hl. Johannes in der Offenbarung spricht.

011. Heute werden wir das Chakra Muladhara studieren, welches die Gemeinde von Ephesus ist.

012. *Schreibe dem Engel der Gemeinde in Ephesus: Dies spricht er, der die sieben Sterne in seiner Rechten hält und mitten unter den sieben goldenen Leuchtern einhergeht:* (Off. 2,1)

013. Der mitten unter den sieben goldenen Leuchtern einhergeht ist unser Ich-Christus, unser innerer Engel.

014. Die sieben goldenen Leuchter sind die sieben Wirbelsäulen, unseren sieben Körpern entsprechend.

015. Durch jede dieser sieben Wirbelsäulen steigt das heilige Feuer empor.

016. Jeder unserer sieben Körper hat seinen goldenen Leuchter, man sagt, sein Rückenmark und sein heiliges Feuer.

017. Wir haben sieben Schlangen: zwei Gruppen mit je drei, mit der erhabenen Krönung der siebten Zunge des Feuers, die uns mit dem Einen verbindet, mit dem Gesetz, mit dem Vater.

018. Die sieben Sterne, die unser Christus-Ich in seiner rechten Hand hat, sind die sieben Chakren der Wirbelsäule.

019. Das Chakra Muladhara befindet sich unter dem Kanda und genau an dem Ort, wo die Nadis Sushumna, Ida und Pingala sich treffen.

020. Das ist das Fundamentale oder Steißbeinchakra, welches mit seiner sexuellen Energie alle anderen Chakren nährt.

021. Kundalini ist im Chakra Muladhara eingeschlossen. Aus diesem Chakra fließen vier Nadis, ähnlich den vier Blütenblättern des Lotus.

022. Die sieben Ebenen des kosmischen Bewusstseins befinden sich unter der Gemeinde von Ephesus.

023. Das Mantram dieses Chakras ist *Bhur.*

024. Die Mantrams *Dis*, *Das*, *Dos* spricht man, indem man den Ton der Vokale und den Buchstaben „S“ verlängert.

025. *Ich kenne dein Tun und deine Mühe und dein Ausharren; ich weiß: Du kannst die Bösen nicht ertragen, du hast jene, die*

sich Apostel nennen und es nicht sind, auf die Probe gestellt und erkannt, dass sie Lügner sind. (Off. 2,2)

026. In der Gemeinde von Ephesus befindet sich die Wurzel des Guten und des Bösen.

027. Es gibt viele, die von sich sagen, sie seien Apostel, es aber nicht sind, weil sie unzüchtig sind.

028. *Bedenke, von welcher Höhe du gefallen bist. Kehr um und handle wieder wie früher! Sonst werde ich kommen und deinen Leuchter von seiner Stelle rücken, wenn du nicht umkehrst.* (Off. 2,5)

029. Wenn der Mann den Samen ejakuliert, so fällt Kundalini um einen oder mehrere Wirbel, je nachdem, wie schwer der Fehler war.

030. Sonst werde ich kommen und deinen Leuchter von der Stelle rücken, wenn du nicht umkehrst.

031. Die Wiedereroberung der verlorenen Wirbel, die durch eine Samenejakulation verloren gegangen sind, ist sehr mühselig und schwierig.

032. Deswegen sagte mir unser Herr, der Christus: *Der Schüler darf nicht zulassen, dass er fällt. Der Schüler, der sich fallen lässt, muss später sehr viel kämpfen, um das Verlorene zurückzugewinnen.*

033. *Wer Ohren hat, der höre, was der Geist den Gemeinden sagt: Allen, die siegen, werde ich zu essen geben vom Baum des Lebens, der im Paradies Gottes steht.* (Off. 2,7)

034. Es gibt zwei Bäume: den Baum der Wissenschaft des Guten und Bösen und den Baum des Lebens.

035. Der Baum der Wissenschaft des Guten und Bösen ist die sexuelle Kraft.

036. Der Baum des Lebens ist das Christus-Ich jedes Menschen.

037. Man muss den Baum der Wissenschaft des Guten und Bösen in das geopferte Lamm des himmlischen Jerusalem um-wandeln.

038. Das ist nur möglich, indem wir uns mit dem Aroma jener verbotenen Frucht berauschen, schön für die Augen und von köstlichem Anblick, von der Gott sagte: *Iß sie nicht, denn an dem Tag, an dem du sie isst, stirbst du.*

039. Wir müssen uns immer von der Frau vor dem Orgasmus zurückziehen, um die Ejakulation zu vermeiden. So erwacht das Chakra Muladhara. So erwacht Devi Kundalini.

040. So wandeln wir den Baum der Wissenschaft des Guten und Bösen in das geopferte Lamm um.

041. So wandeln wir uns in einen lebenden Christus um und essen vom Baum des Lebens, der sich in der Mitte des Paradieses meines Gottes befindet.

042. Das Chakra Muladhara ist mit dem Tattwa Pritvi verbunden. Derjenige, der dieses Chakra vollkommen erweckt und sich tief verwirklicht, der kann das Elixier des ewigen Lebens erlangen und seinen physischen Körper über Millionen von Jahren hinweg erhalten.

043. Kundalini gibt uns Wissen über Vergangenheit, Gegenwart und Zukunft.

044. In Indien gibt es den Orden der Kula, der finsteren Göttin Kali. Das ist ein Orden der schwarzen Magie.

045. Diese schwarzen Yogis treiben Unzucht, sie ejakulieren ihren Samen, sie verletzen das sechste Gebot der Gesetze Gottes und erwecken Kundalini negativ.

046. Wenn ein Yogi seinen Samen ejakuliert, verliert Kundalini an Höhe, fällt um einen oder mehrere Abschnitte, je nach der Größe des Fehlers.

047. Die schwarzen Magier ejakulieren ihren Samen während ihrer Praktiken der negativen Sexualmagie.

048. Mit der Ejakulation des Samen verlieren sich Milliarden von Sonnenatomen, die später durch Milliarden von satanischen Atomen aus den atomaren Höllen des Menschen ersetzt werden. Diese satanischen Atome werden durch die peristal-

tischen Bewegungen der sexuellen Organe nach der Fornikation aufgenommen.

049. Die satanischen Atome versuchen die brahamanische Schnur hinauf zu steigen, aber die drei Atem des Akasha stürzen sie hinunter, zum Steißbein, bis zum Chakra Muladhara.

050. Dann wird ein bestimmtes Atom des Chakra Muladhara aktiv, und anstatt, dass Kundalini durch das Brahmanadi aufsteigt, sinkt sie hinunter bis zur atomaren Hölle des Menschen und bildet im Astralkörper jenen Schwanz, der Satan darstellt.

051. Während jeglichen Aktes der sexuellen Magie sind die drei Atem des reinen Akasha durch den menschlichen Willen verstärkt, und dann kann es für uns ein Segen oder ein Fluch sein.

052. Wenn der Yogi den Samen ejakuliert, verwandelt er sich in eine tantrische, finstere Persönlichkeit des lunaren Pfades.

053. Diese tantrischen Persönlichkeiten trennen sich vollkommen von ihrem Purusha, das heißt, dem Innersten oder Jivan-Atman.

054. Jede Persönlichkeit, die von ihrem höheren Ich getrennt ist, versinkt in den lunaren Abgründen, und löst sich auf in Verzweiflung. Das ist der zweite Tod, worüber die Offenbarung spricht.

055. Aber wenn der Yogi sich von der Frau vor dem Orgasmus zurückzieht, dann multiplizieren sich die lunaren und solaren Atome und steigen durch die Nadis Ida und Pingala bis zum Kelch (dem Gehirn) auf.

056. Am Ende vereinen sich die lunaren und solaren Atome im Steißbein und die drei Atem des reinen Akasha, die durch den heiligen Kanal des Yogis herabsteigen, erwecken Devi Kundalini, um sie durch den Brahmanadi aufsteigen zu lassen.

057. Der Stab symbolisiert unsere Wirbelsäule.

058. So kommt der Moment, in dem Devi Kundalini und der Herr Shiva sich vereinen, um uns in Meister der großen Mysterien der großen weißen universalen Bruderschaft zu verwandeln.

059. Die Frau ist die Tür zum Paradies. Lieben wir sie ... Gesegnet sei die Frau!

Das Chakra Swadhisthana

Die Gemeinde von Smyrna

001. Kundalini bewegt sich von Chakra zu Chakra.

002. So öffnen sich die verschiedenen Bewusstseinszustände und der Sadhaka durchdringt alle diese Zustände des kosmischen Bewusstseins, bis am Ende das Erwachen des absoluten Bewusstseins erreicht wird.

003. Indem der Yogi sein superlatives Bewusstsein erweckt, erlangt er verschiedene Siddhis (Fähigkeiten).

004. In den inneren Welten ist das Wort Zeit ein Synonym für die esoterischen Grade des Bewusstseins.

005. Es gibt achtzehn Einweihungen. Neun für die kleinen Mysterien und neun für die großen Mysterien.

006. Wenn wir in den inneren Welten sagen, dass ein Bruder zehn Jahre alt ist, so wollen wir damit einfach aussagen, dass er ein Eingeweihter der ersten Einweihung der kleinen Mysterien ist.

007. Wenn wir behaupten, dass ein Schüler 90 Jahre alt ist, so bestätigen wir, dass er ein Eingeweihter der neunten Einweihung der kleinen Mysterien ist.

008. Wenn wir sagen, dass ein Bruder 100 Jahre alt ist, so behaupten wir, dass er der ersten Einweihung der großen Mysterien angehört.

009. Bei Altersangaben über 900 Jahre handelt es sich um logoische Alter.

010. Die Erfahrung hat uns gezeigt, dass jeder Meister, der nicht an der wesentlichen Wurzel der Hierarchie, das heißt, bei der neunten Einweihung der großen Mysterien angekommen ist, noch sehr schwach ist und noch nicht die moralisch kräftige und starke Struktur besitzt, wie jene, die schon das logoische Alter erreicht haben.

011. Um uns das Recht für den Eintritt in das Absolut zu verdienen, müssen wir das esoterische Alter von 300 000 göttlichen Jahren haben.

012. Der letzte Umhang, den ein Logos benutzt, ist ein Umhang voller Sterne, mit welchem er sich das Recht zum Eintritt ins Absolut verdient.

013. Die chronologische Zeit existiert nicht, das, was existiert ist die esoterische Zeit, weil das Leben ein ewiger Augenblick ist ...

014. Alle Mudras und Bandhas sind nutzlos für das neue Wassermannzeitalter.

015. Wozu dient das Vajroli Mudra? Das Wichtige ist, die sexuellen Energien durch die Liebe, durch die Musik, durch die Poesie und den uneigennützigen Dienst an der armen kranken Menschheit umzuwandeln.

016. Ein silbernes Röhrchen mit Wasser in die Harnröhre einzuführen, verursacht nur die Zerstörung der sexuellen Organe genau dort, wo sich der Schlüssel der Erlösung befindet.

017. Ein Yogi kann mit seinem physischen Körper Millionen von Jahren leben und sich im reinen Akasha bewegen, ohne die untere Sehne der Zunge durchschneiden zu müssen, wie es unglücklicherweise der Kechari Mudra lehrt.

018. Das Wichtige ist, das Elixier des ewigen Lebens zu erlangen und sich stark in der inneren Meditation zu machen.

019. Die Falten und grauen Haare des Yogi verschwinden ohne den Zwang, schwierige Positionen, wie das Heben der Beine, das Abstützen des Gesäßes mit den Händen, einnehmen zu müssen, so wie es unglücklicherweise der Viparithakarani Mudra befiehlt.

020. Das Wichtige ist, keusch und rein zu sein, um Alter und Tod zu besiegen.

021. Alle Mudras sind ungeeignet für das neue Wassermannzeitalter. Es ist nicht notwendig, Kundalini zu ersticken, indem man

die Luft zurückhält, um sie zu erwecken, ein kurzes Pranayama ist genug.

022. Kundalini erwacht, indem wir die Frau lieben und dem Pfad der höchsten Heiligkeit folgen; indem wir alle lebenden Seelen verehren und uns für das Wohl des großen Werkes des Vaters aufopfern ...

023. Was der Mensch braucht, ist: richtiges Handeln, richtiges Denken, richtiges Fühlen. Gerechtes Handeln, gerechtes Wort, gerechtes Fühlen.

024. Das Wichtige ist, das Leben intensiv zu leben, damit das Bewusstsein erwacht und man die großen Verwirklichungen erreicht.

025. Wozu dient es, dass man auf dem Kopf steht, wie es das Urdva Padmasana lehrt?

026. Das Beste ist, unsere moralischen Defekte auszulöschen und uns für die Menschheit zu opfern, die in diesem Tal der Tränen leidet.

027. Ich, Samael Aun Weor, der planetarische Logos des Mars, sage zu meinen Arhats: das Beste ist zu lieben, weil die Kraft der Liebe uns zum unaussprechlichen Glück des Absoluten führt, dort, wo das Leben frei in seiner Bewegung pulsiert.

028. Das Chakra Swadhisthana ist der Wohnsitz des Tattwa Apas.

029. Der Elemental-Genius Varuna ist eng verbunden mit diesem Chakra.

030. Die Farbe dieses Chakras glänzt mit dem Feuer von Kundalini.

031. Dieses Chakra hat sechs wunderbare Blütenblätter.

032. Das Mantram dieses Chakras ist: *Bhuvar*.

033. Der Yogi, der in diesem Chakra meditiert, verliert die Angst vor Wasser, lernt den elementalen Kreaturen des Wassers zu befehlen und erobert verborgene Fähigkeiten.

034. Mit dem Erwecken dieses Chakras lernt der Yogi die verschieden astralen Wesen kennen.

035. Der Yogi erobert den Tod mit dem Erwecken dieses Chakras.

036. Dieses Chakra erweckt den Prostata-Plexus, der wesentlich für die Ausübung der praktischen Magie ist.

037. In diesem Chakra befindet sich ein zunehmender Mond von außergewöhnlicher Schönheit.

038. Dieses Chakra kontrolliert die Nieren, den Unterleib und die wichtigen Organe des unteren Teils des Unterleibs.

039. In der Offenbarung des hl. Johannes ist dieses Chakra als die Gemeinde von Smyrna bekannt.

040. *Ich weiß, dass du bedrängt und arm bist; aber du bist dennoch reich. Und ich weiß, dass du geschmäht wirst von denen, die behaupten, sie seien Juden; sie sind aber keine Juden, sondern die Synagoge Satans.* (Off. 2,9)

041. *Fürchte dich nicht vor dem, was du zu leiden haben wirst. Siehe, der Teufel wird welche von euch ins Gefängnis werfen, damit ihr erprobt werdet; ihr werdet eine Drangsal haben von zehn Tagen. Sei getreu bis in den Tod, und ich werde dir den Kranz des Lebens geben.* (Off. 2,10)

042. *Wer Ohren hat, der höre, was der Geist den Gemeinden sagt: Der Sieger wird nicht Leid erfahren vom zweiten Tod.* (Off. 2,11)

043. Der zweite Tod ist für die Unzüchtigen. Die tantrischen Persönlichkeiten, die dem Weg des Mondes folgen, trennen sich von dem Intimus oder Purusha, und versinken in die unteren lunaren Sphären, wo sie sich langsam auflösen werden.

044. Der Orden der Kula der finsteren Göttin Kali ging von Atlantis nach Indien über. Dieser Orden der Kula ist schwarzmagisch.

045. In diesem Orden gibt es zwei Klassen von Magiern: jene, die die Sexualität hassen, und jene, welche sie nicht hassen, aber die mystische Ejakulation der negativen schwarzen Magie praktizieren, die einige Finstere in der westlichen Welt bekannt gemacht haben.

046. Jene, welche die sexuelle Kraft hassen, hassen den großen Atem, weil der große Atem die sexuelle Kraft ist. Der große Atem ist christische sexuelle Kraft, und diejenigen, die die Kraft hassen, hassen den Christus und begeben sich in der Tat auf den Weg der schwarzen Magie.

047. Unsere Schüler sind verführt und müssen zehn Tage des Leides ertragen. Man muss leiden, wenn man die zehn Sephiroten verwirklichen will.

048. Das sind die zehn Sephiroten der Kabbala. Derjenige, der seine zehn Sephiroten verwirklichen, und sich in einen Christus verwandeln will, muss treu bis zum Tode sein und dann *werde ich ihm die Krone des Lebens geben,* der Ich-Christus. Er ist der unaufhörliche ewige Hauch, der in uns selbst wohnt.

Das Chakra Manipura
Die Gemeinde von Pergamon

001. Manipura ist das dritte Chakra unserer Wirbelsäule.
002. Dieses Chakra der Wirbelsäule befindet sich in Labhi-Sthana (in der Nähe des Nabels).
003. Wenn dieses Chakra erwacht, wird der Solarplexus, sowie der Leber- und Milzplexus aktiviert.
004. Zehn Yoga-Nadis haben ihren Ursprung in diesem Chakra.
005. Die Farbe dieses Chakras ist wie strahlendes Feuer.
006. Das Tattwa Tejas ist mit diesem wunderbaren Chakra eng verbunden.
007. Die Gottheit, die dieses Chakra regiert, ist Vishnu, und die Göttin Lakshmi ist sehr eng verbunden mit diesem wunderbaren Chakra.
008. Das Mantram *Ram* erweckt dieses wunderbare Chakra. Man verlängert den Ton von jedem Vokal, so: *Rrrrr.... aaaa..... mmmm.....*
009. Unsere Schüler können den Gott Agni anrufen, damit er ihnen hilft, dieses wunderbare Feuer zu erwecken.
010. Der Gott Agni hat die Form eines neugeborenen Kindes, und wenn er sich mit seinem festlichen Gewand zeigt, trägt er eine glasklare Tunika, die wunderbar verziert ist.
011. Wir sehen das Gesicht dieses wundervollen Wesens wie einen unbeschreiblichen Blitz.
012. Die Aura von Agni erzeugt Licht und Musik.
013. Agni, der Gott des Feuers, stellt die feurigen Kräfte jeder unserer sieben Körper wieder her.
014. Das Mantram *Swa* wird so ausgesprochen: *Suuu... aaa....*

015. Der Yogi, der über dieses Chakra zu meditieren lernt, erreicht den Pahla Siddhi, er bekommt große okkulte Fähigkeiten und befreit sich von jeder Art von Krankheit.

016. Dieses Chakra ist das telepathische Zentrum oder das Gehirn der Gefühle.

017. Die mentalen Wellen der Menschen, die an uns denken, erreichen unseren Solarplexus und gelangen dann zu unserem Gehirn.

018. Es ist unsere Empfangsantenne. Das Chakra Manipura, das telepathische Zentrum oder das Gehirn unserer Gefühle, sammelt die Sonnenkräfte und damit nährt es alle Nervenzentren.

019. Unsere Zirbeldrüse ist unser Sendezentrum.

020. Dieses Chakra sammelt die solaren Kräfte und damit ernährt es alle Nervenzentren.

021. Der Yogi, der dieses Chakra erweckt, erlangt die Fähigkeit der Telepathie.

022. Der Yogi, der dieses Chakra erweckt, wird das Feuer nicht mehr fürchten und zwischen den Flammen überleben.

023. Die Beschaffenheit unserer Wirbelsäule ist wunderbar.

024. Die Wirbel liegen wirklich übereinander und bilden eine wunderschöne Säule, auf die sich nicht nur der Schädel, sondern unser ganzer wunderbarer Organismus stützt.

025. Unsere Wirbelsäule ist ein wunderbares Klavichord, das wir zu spielen lernen müssen, um ihm all die bezaubernden Melodien des Tierkreises zu entlocken.

026. Zwischen allen Wirbeln gibt es wunderbare Öffnungen für den Durchgang der Rückennerven, welche von unserer Wirbelsäule bis zu jedem der wunderbaren Chakren des großen sympathischen Nervensystems reichen.

027. Der Yogi muss die Elastizität der Wirbelsäule pflegen.

Übung

028. In einer stabilen, stehenden Position, mit an der Taille eingestützten Händen, dreht der Yogi seinen Rumpf über der Taille von rechts nach links, um die Elastizität seiner Taille zu behalten.

029. Der Solarplexus ist der Platz von Satan (lunarer Körper, niedriger Astralkörper).

030. Die Offenbarung warnt uns so: *Ich weiß, wo du wohnst: es ist dort, wo der Thron Satans steht. Und doch hältst du an meinem Namen fest und hast mir die Treue gehalten auch in den Tagen, als Antipas, mein treuer Zeuge, bei euch getötet wurde, dort, wo der Satan wohnt. Nur dies werfe ich dir vor: Du hast bei dir Leute, die an der Lehre Bileams festhalten; Bileam lehrte Balak, er solle die Söhne Israels verführen, Fleisch zu essen, das den Göttern geweiht ist, und Unzucht zu treiben. So hast auch du Leute, die in gleicher Weise an der Lehre der Nikolaiten festhalten. Daher kehr um! Sonst komm ich schnell zu dir, und ich werde sie mit dem Schwert meines Mundes bekämpfen. Wer Ohren hat, der höre, was der Geist den Gemeinden sagt! Allen, die siegen, werde ich von dem verborgenen Manna geben. Ich werde jedem von ihnen einen weißen Stein geben, und auf dem Stein ist ein neuer Name geschrieben, den nur der kennt, der ihn empfängt.* (Off. 2, 13, 14, 15, 16, 17).

031. Der lunare Körper oder der niedrige Astralkörper wird im christlichen Esoterismus Satan genannt, er ist mit dem Solarplexus verbunden.

032. Jetzt werden unsere Schüler verstehen, woher all die Wünsche danach, Fleisch zu essen und Alkohol zu trinken, kommen.

033. Jetzt werden unsere Brüder verstehen, wo die Sehnsucht danach, Unzucht zu treiben, und die Gefräßigkeit, geboren wird.

034. Der lunare Körper ist ein Überrest unserer tierischen Vergangenheit.

035. In ihm bewahren wir das uralte Erbe der niederen Leidenschaften aus dem Reich der Tiere.

036. Als wir elementale Tiere waren, hatte sich unser Astralkörper nicht geteilt.

037. In dem Moment, als wir zum ersten Mal in das Reich der Menschheit eingetreten sind, hat sich dieser Astralkörper in zwei Teile geteilt, ein höherer, vom Verstand absorbiert, womit der Yogi im bewussten Traum handelt, und ein niedriger, der im christischen Esoterismus Satan (niedriger Kama-Rupa Körper, Mondkörper) genannt wird.

038. Dieser Mondkörper ist riesig, deformiert in den perversen Persönlichkeiten.

039. Jetzt werden unsere Brüder verstehen, warum unser Herr, der Christus sagte: *Solange ihr nicht wie Kinder seid, könnt ihr nicht ins Himmelreich eintreten.*

040. Satan nährt sich von unseren Leidenschaften und Begierden. Wenn man seiner Quelle die Nahrung entzieht, wird er kleiner und schöner.

041. Auf diese Weise, meine Brüder, werden wir ein verborgenes Mana speisen, das Brot der Weisheit.

042. Auf diese Weise, liebe Schüler, werden wir den Grundstein aus dem Tempel des lebenden Gottes bekommen.

043. Dieser Grundstein ist unser strahlender Drache der Weisheit, unser Christus-Ich, dieser Hauch der zentralen Sonne, der in uns existiert.

044. Das ist der weiße kleine Stein, in den unser heiliger Name eingraviert ist.

045. Bereue, Bruder, und lösche alle deine Defekte aus.

046. Werde heilig, Bruder meiner Seele, damit du nicht in die lunaren Abgründe (Avitchi) fällst.

047. Die perversen Persönlichkeiten trennen sich von ihrer Monade und fallen in die lunaren Abgründe der achten Sphäre.

Das Chakra Anahata

Die Gemeinde von Thyatira

001. Dieses Chakra übt die völlige Kontrolle über den Herzplexus aus.

002. Seine Farbe ist wie lebendiges Feuer.

003. Innerhalb dieses wunderbaren Chakras befindet sich in der Tat ein achteckiger Raum von pechschwarzer Farbe.

004. Dieses Chakra hat eine enge Verbindung mit dem Tattwa Vayú.

005. Die regierende Gottheit dieses Chakras ist Isha, und zusammen mit der Devata Kakini leitet und beherrscht sie dieses Chakra.

006. Das Lingha Bana hat eine enge Verbindung mit dem Anahata.

007. Das Chakra Muladhara ist eng verbunden mit dem Lingha Swayambhu.

008. Der Klang Anahata oder der Klang von Shawa Brahmán ertönt in diesem wunderbaren Chakra des Nadi Sushumna.

009. Dieser wunderbare Klang ist der Klang des Fohat.

010. Der Klang des Fohat ist das „S“, das man folgendermaßen ausspricht: Ssssss..... — wie ein süßer und weicher Pfiff.

011. Der Yogi, der es lernt in diesem Chakra zu meditieren, wird absoluter Herr des Tattwa Vayú sein, und er wird Orkane auflösen und die Winde nach Belieben beherrschen können.

012. Einige Yogis sagen, dass, indem man in diesem Chakra meditiert, der Yogi in der Luft schweben und sich in den Körper anderer begeben kann.

013. In der Luft schweben oder sich in den Körper eines anderen hineinbegeben kann zweifelsohne jeder, selbst, wenn er bis jetzt ein Anfänger in diesen Studien ist.

014. In der Luft schweben ist leichter, als ein Glas Wasser zu trinken.

015. Das Geheimnis ist sehr einfach: es genügt, dass der Schüler lernt, sich mit seinem physischen Körper in die Astralebene zu begeben.

Übung

016. Der Schüler soll leicht einschlafen und dann mit aller Sanftheit vom Bett aufstehen, und dabei die Schlafwandler nachahmen, das heißt, den Schlaf wie einen kostbaren Schatz bewahren.

017. So geht der Schüler wie ein Schlafwandler und voller Glauben wird er springen, mit der Absicht in der Umgebung zu schweben.

018. Wenn der Schüler es schafft, in der Luft zu schweben, dann deshalb, weil sein physischer Körper in die Astralebene eingedrungen ist. Dann kann sich der Schüler durch den Raum an jeden Ort der Erde begeben.

019. So können wir mit dem physischen Körper in der Astralebene fliegen.

020. Der physische Körper, innerhalb der Astralebene, bleibt den Gesetzen dieser Ebene unterstellt, jedoch ohne seine physiologischen Eigenschaften zu verlieren.

021. So also kann jeder mit dem physischen Körper in der Luft schweben. Das Wichtige dabei ist, Glauben, Beharrlichkeit und viel Geduld zu haben.

022. Die Feuer des Herzens kontrollieren die Feuer des Rückgrats.

023. Die Feuer des Herzens kontrollieren den Aufstieg von Kundalini.

024. Kundalini steigt gemäß den Verdiensten des Herzens empor.

025. Um wenigstens einen einzigen Wirbel der Wirbelsäule zu gewinnen, muss der Yogi sich zahlreichen Proben und fürchterlichen Reinigungen unterziehen.

026. Das Fortschreiten, die Entwicklung und Evolution von Kundalini ist langsam und schwierig.

027. Durch nur eine Samenejakulation, fällt Kundalini um einen oder mehrere Wirbel, entsprechend der Größe des Fehlers.

028. Die Zurückeroberung dieser Wirbel ist fürchterlich schwer.

029. Die Schlangen des physischen Körpers und des Vitalkörpers steigen nur bis zum Raum zwischen den Augenbrauen. Aber die Schlangen des Astral-, Mental-, Kausal-, Bewusstseins- und des Atmischen Körpers gelangen unvermeidlich bis zum Herzen.

030. Ein Sekundärnerv verläuft von der Wirbelsäule bis zum Herzen. Durch diesen Sekundärnerv laufen unsere höheren fünf Schlangen, von der frontalen Region zwischen den Augenbrauen bis zum Herzen.

031. Dieser dünne Sekundärfaden der Wirbelsäule kontrolliert die sekundären Muskeln des Herzens und hat sieben heilige Kammern.

032. Im Herzen befinden sich sieben heilige Zentren. Jede unserer sieben Schlangen ist mit der entsprechenden Kammer des Herzens innigst verbunden.

033. Unsere Schüler müssen ein System der Reinigung und der Heiligung haben. Das Herz ist Sitz des Innersten.

034. Der Schüler sollte eine Auflistung all seiner Defekte machen und dann damit beginnen, sie mit Ordnung und Methode zu korrigieren.

035. Der Schüler kann jedem Defekt zwei Monate widmen.

036. Der Jäger, der zehn Kaninchen auf einmal jagen will, jagt nicht ein einziges.

037. Man braucht die absolute Heiligkeit und die fürchterlichste Keuschheit, um die Entwicklung, das Fortschreiten und die Evolution von Kundalini erreichen zu können.

038. Die Ledigen werden die sexuellen Energien durch das Pranayama umwandeln.

039. Verheiratete beiderlei Geschlechts brauchen keine Atemübungen zu machen; sie verwirklichen das Pranayama in der sexuellen Magie.

040. Man darf sexuelle Magie nur zwischen Ehemann und Ehefrau praktizieren, in legitimen Ehen.

041. Wer sexuelle Magie mit verschiedenen Personen praktiziert, ist ein Ehebrecher und treibt Unzucht.

042. Die Offenbarung bezeichnet dieses Chakra als Gemeinde von Thyatira.

043. *Ich kenne dein Tun, deine Liebe und Treue, dein Dienen und Ausharren* (notwendige Werte, um dieses Chakras des Herzens zu öffnen)*, und ich weiß, in letzter Zeit ist dein Tun reicher, als es am Anfang war. Aber ich werfe dir vor, dass du das Weib Isebel* (die Unzucht) *gewähren lässt; sie nennt sich Prophetin und lehrt meine Knechte und verführt sie, Unzucht zu treiben und Fleisch zu essen, das den Göttern geweiht ist* (Theorien, Schulen, Intellektualismus und andere Gaben, die den Götzen dargebracht werden). *Ich habe ihr Zeit gelassen, sich zu bekehren; sie aber will sich nicht abkehren von ihrer Unzucht. Ihre Kinder werde ich mit dem Tode schlagen, und alle Kirchen werden erkennen, dass ich es bin, der Herz und Nieren prüft, und ich werde einem jeden von euch nach seinen Taten vergelten.* (Off. 2, 19 –23)

044. In den Nieren befinden sich zwei Plexi, die weiß und blau in den Keuschen und in blutigem Rot in denen, die Unzucht treiben, strahlen.

045. Unser Ich-Christus prüft die Nieren und die Herzen und gibt jedem das, was er verdient hat.

046. *Alle, die siegen und in ihren Taten meinen Willen bis zum Ende erfüllen: diese werden über die Heidenvölker herrschen mit eisernem Zepter und sie zerschlagen wie Tongeschirr. Wie auch ich sie von meinem Vater empfangen habe, und ich werde ihnen den Morgenstern geben.* (Off. 2, 26,28).

Das Chakra Vishuddha

Die Gemeinde von Sardes

001. Das Chakra Vishuddha unserer Wirbelsäule befindet sich genau in der Basis unseres schöpferischen Kehlkopfes.

002. Dieses wunderbare Chakra steht in enger Verbindung mit dem Tattwa Akasha (ätherisches Element).

003. Die Farbe dieses Tattwas ist ein kräftiges Blau.

004. Das Kehlkopfchakra gehört zum Tattwa Manas.

005. Die Gottheit, die dieses wunderbare Chakra beschützt, ist Sadasiva.

006. Dieses wunderbare Chakra hat 16 prachtvolle Blütenblätter.

007. Tatsächlich ähnelt die Mitte dieses Chakras einem Vollmond.

008. Die indischen Yogis behaupten, dass man seinen physischen Körper selbst während der Pralaya (kosmische Nacht) behalten kann, wenn man in diesem Chakra meditiert.

009. Wer in diesem Chakra zu meditieren lernt, darf den höchsten Esoterismus aller heiligen Bücher und der Veden kennenlernen.

010. Der Yogi, der in diesem Chakra zu meditieren lernt, erreicht den großartigen Zustand des Trikala Jñana, das heißt, er wird die ganze Vergangenheit, Gegenwart und die Zukunft kennen.

011. Das Mantram des Tattwas Akasha ist Han. Zweifelsohne muss der Yogi dieses Mantram benutzen, während er in diesem wunderbaren Chakra meditiert.

012. *Und der Engel der Kirche von Sardes schreibt: Dies spricht er, der die sieben Geister Gottes und die sieben Sterne hat: Ich kenne dein Tun. Dem Namen nach lebst du, aber du bist tot.*

013. *Sei wachsam und stärke, was noch übrig ist und im Sterben liegt. Denn ich halte dein Tun für nicht vollwertig in den Augen meines Gottes.*

014. *Denk deshalb daran, wie du die Lehre empfangen und gehört hast! Halte daran fest und kehr um! Wenn du aber nicht wachsam bist, werde ich kommen wie ein Dieb, und du sollst nicht erfahren, zu welcher Stunde ich komme.*

015. *Aber du hast einige Leute in Sardes, die ihre Kleider nicht befleckt haben; sie werden mit mir in weißen Gewändern gehen, denn sie sind würdig.*

016. *Alle, die siegen, werden ebenso mit weißen Gewändern bekleidet werden. Nie werde ich ihren Namen aus dem Buch des Lebens löschen, sondern ich werde mich vor meinem Vater und vor seinen Engeln zu ihnen bekennen.*

017. *Wer Ohren hat, der höre, was der Geist den Kirchen sagt!* (Off. 3, 1-6).

018. Dieses Chakra der Kirche von Sardes gehört zum okkulten Ohr oder dem Sinn des Hellhörens.

019. Der Mentalkörper hat eine enge Verbindung mit der Kirche von Sardes.

020. Ich, Samael Aun Weor, Logos des Planeten Mars, kam nach vielen Mahamvantaras, nach unaufhörlicher Evolution und Entwicklung zu dem Schluss, dass das einzig Wichtige im Leben die Heiligkeit ist.

021. Die Kräfte sind Blumen der Seele, die aufblühen, wenn wir heilig werden.

022. Um einen Schritt in Richtung der Entwicklung der Chakren gehen zu können, müssen wir tausend Schritte in Richtung Heiligkeit gehen.

023. Durch die esoterischen Übungen bereiten wir unseren Garten vor, damit der Duft der Heiligkeit unsere wunderbaren Chakren erblühen lässt.

024. Der Yogi soll seinen Garten täglich gießen und alle seine moralischen Fehler auslöschen.

025. Jedes Blütenblatt unserer Lotosblumen stellt bestimmte Werte dar. Ohne diese Werte können die Lotosblumen sich nicht öffnen, um die Sonne der Wahrheit zu empfangen.

026. Begehret keine Kräfte, sonst wirst du in den lunaren Abgründen versinken.

027. Für diejenigen, welche nicht heilig werden wollen, ist es besser, wenn sie sich zurückziehen, bevor es zu spät ist ...

028. Das Chakra Vishuddha verbindet sich mit dem schöpferischen Wort.

029. In manchen Fällen ist es ein Verbrechen zu sprechen und manchmal ist Schweigen ein anderes Verbrechen ...

030. Es gibt verbrecherisches Schweigen, es gibt gemeine Worte.

031. Das Schwierigste im Leben ist es, zu lernen, die Zunge zu beherrschen.

Der Chakra Ajna

Die Kirche Philadelphia

001. Dieses Chakra ist verbunden mit seinem wunderbaren Zentrum zwischen den Augenbrauen.
002. Der Meister, der es leitet, ist Paramasiva.
003. Das Mantram, das dieses Chakra zum Schwingen bringt, ist Om.
004. Dieses Chakra hat zwölf Blütenblätter.
005. Dieses wunderbare Chakra ist von reiner weißer Farbe. Der Plexus, der diesem Chakra entspricht, ist der *Plexo Cavernoso*.
006. Die Yogis aus Indien sagen, dass man das Karma aus früheren Leben zerstören kann, wenn man in diesem Chakra meditiert.
007. Ich, Samael, Logos des Mars, sage, dass niemand das Gesetz umgehen kann.
008. Das Beste, was wir tun können, ist zu lernen, mit unseren Geschäften umzugehen.
009. Wer etwas zu bezahlen hat, der bezahle und die Geschäfte werden gut gehen.
010. Tue deshalb Gutes, damit du deine Schulden bezahlen kannst.
011. Den Löwen des Gesetzes besiegt man mit der Waage.
012. Wenn ein niedriges Gesetz durch ein höheres Gesetz transzendiert wird, so steht das höhere Gesetz über dem niedrigen Gesetz.
013. Der Yogi muss lernen mit seinem Astralkörper zu reisen, um den Tempel von Anubis mit seinen 42 Richtern zu besuchen.
014. Im Palast der Herren des Karmas können wir unsere Geschäfte regeln (karmische Schulden).
015. Wir dürfen auch Kredite von den Herren des Karmas erbitten, aber jeden Kredit haben wir zu bezahlen, indem wir an dem großen Werk des Vaters arbeiten oder unbeschreiblich leiden.

016. Dieses Chakra ist das der Hellsichtigkeit oder der psychischen Vision.

017. Der Plexus dieses Chakras ist eine Lotosblume, die aus der Hypophyse hervorkommt. Diese Drüse ist der Begleiter und Lichtträger der Zirbeldrüse, wo sich die Krone der Heiligen, der Lotus der tausend Blütenblätter, das Auge von Dagma, das Auge der Intuition befindet.

018. Die psychische Klarsichtigkeit für sich allein, ohne die Entwicklung des Kronenchakras, kann den Yogi zu schwerwiegenden Fehlern führen.

019. In den Astral- und Mentalebenen gibt es Billionen schwarzer Magier, die sich als Heilige verkleiden oder die Gestalt der Meister der Weißen Loge annehmen, um die Schüler zu betrügen oder um falsche Orakel zu diktieren.

020. Die einzige Möglichkeit, diese möglichen Fehler zu heilen, ist die Intuition zu erwecken, dessen göttliches Auge des Diamanten befindet sich im Lotus mit den tausend Blättern, den wir im folgenden Kapitel studieren.

021. Der Yogi, der in den Astralkörper gehen möchte, nutzt das Übergangsstadium zwischen Wachsein und Schlaf.

022. Im Moment des Einschlafens erhebt sich der Yogi von seinem Bett und verlässt sein Zimmer, um sich auf den Weg zum Palast der Herren des Karma zu machen und um seine Geschäfte zu regeln, oder um zu einem anderen Tempel der Mysterien zu gehen.

023. Diese Lehre muss man in die Praxis umsetzen, weil es sich in keinster Weise um eine mentale Übung handelt.

024. Der Yogi muss sich im Moment des Einschlafens von seinem Bett, erheben, so wie es ein Schlafwandler tut.

025. Mit Geduld und Ausdauer erreicht man den Triumph.

026. In diesen Lektionen haben wir die Mantren und Übungen der Chakren der Wirbelsäule gelehrt.

027. Aber wir dürfen nicht vergessen, dass die Nervenzentren auch ihre Mantren haben.

028. Das mächtige ägyptische Mantram „Fe Unin Dagj“ lässt all unsere Nervenzentren vibrieren. Wichtig ist, den Laut der Vokale zu verlängern.

029. Die Vokale I-E-O-U-A sind folgendermaßen angeordnet:

I	Stirn Plexus
E	Kehlkopf Plexus
O	Herz Plexus
U	Solarplexus
A	Plexus der Lunge

030. Wir können in jedem einzelnen dieser Vokale meditieren, indem wir vom Punkt zwischen den Augenbrauen bis zum Hals, Herz, Solarplexus, zu den Beinen und Füßen gehen, um all unsere okkulten Fähigkeiten zu erwecken.

031. Wer lernt im Chakra Ajna zu meditieren, erwirbt die acht höheren und die dreiundzwanzig kleineren Siddhis.

032. Das ist die Gemeinde von Philadelphia: *Ich kenne dein Tun, und ich habe vor dir eine Tür geöffnet, die niemand schließen kann. Du hast nur geringe Kraft, aber du hast dennoch an meinem Wort festgehalten und meinen Namen nicht verleugnet.*

033. *Ich gebe dir Leute aus der Synagoge Satans, die behaupten, sie seien Juden; sie sind aber keine Juden, sondern Lügner. Ich werde bewirken, dass sie kommen und sich vor deinen Füßen niederwerfen und erkennen, da ich es bin, der dich geliebt hat.*

034. *Du hast mein Wort, das Ausharren fordert, bewahrt; daher werde auch ich dich bewahren vor der Stunde der Prüfung,*

die über den ganzen Erdkreis kommen soll, um die Bewohner der Erde zu prüfen. (Off. 3,8-10)

035. In den Mental- und Astralwelten werden wir versucht von Billionen von Dämonen und viele von ihnen verkleiden sich als Heilige und Meister, um uns zu verführen.

036. Die psychische Hellsichtigkeit ist eine vor dir geöffnete Tür, aber es ist notwendig, dass du Potenz erlangst und das Wort des Herrn bewahrst, damit du nicht in Versuchung gerätst.

037. *Du hast mein Wort, das Ausharren fordert, bewahrt; daher werde auch ich dich bewahren vor der Stunde der Prüfung, die über den ganzen Erdkreis kommen soll, um die Bewohner der Erde zu prüfen.*

038. In der Mentalwelt gibt es Magier, die uns raffiniert zur Ejakulation des Samens raten.

039. Diese Schwarzmagier verkleiden sich als Heilige und halten feine Reden von Liebe und Heiligkeit.

040. *Ich komme bald. Halte fest, was du hast, damit dir niemand deinen Kranz nimmt!* (Off. 3, 11).

041. Die Finsteren raten dem Schüler, dass er seine Samenflüssigkeit ejakulieren soll, damit sie nach unten steigt und er seine Krone verliert.

042. Jeden, der siegt, werde ich zu einer Säule im Tempel meines Gottes machen. Er wird ihn nicht verlassen müssen. Und ich werde auf ihn den Namen meines Gottes und den Namen der Stadt meines Gottes schreiben, den Namen des neuen Jerusalem, das aus dem Himmel herabkommt von meinem Gott, und ich werde auf ihn auch meinen neuen Namen schreiben.

043. *Wer Ohren hat, der höre, was der Geist den Kirchen sagt!* (Off. 3, 12-13).

Das Chakra Sahasrara

Die Gemeinde von Laodizea

001. Das Chakra Sahasrara ist die Krone der Heiligen. Es ist der Wohnsitz des Herrn Shiva und entspricht der Zirbeldrüse.

002. Wenn Devi Kundalini dieses Chakra erreicht, erhält man die Krone der Heiligen.

003. Die Krone der Heiligen hat 12 Sterne.

004. Diese 12 Sterne sind die 12 Fähigkeiten des Menschen.

005. Im Gehirn befinden sich 24 engelhafte Atome, die die 24 zodiakalen Ältesten repräsentieren.

006. Die 24 Ältesten unseres Gehirns strahlen glühend, wenn Devi Kundalini dieses wunderbare Chakra öffnet.

007. Dieses Zentrum hat 1000 Blütenblätter. Das ist die Gemeinde von Laodizea.

008. Die Offenbarung warnt uns: *Ich kenne dein Tun. Du bist weder kalt noch heiß. Wärest du doch kalt oder heiß! Weil du aber lau bist, weder heiß noch kalt, will ich dich ausspeien aus meinem Mund.*

009. Tatsächlich werden die Lauen aus dem Tempel der Weisheit ausgestoßen.

010. Diese Weisheit ist für die feurigen Seelen.

011. Die 24 atomischen Ältesten repräsentieren die gesamte Weisheit der 24 zodiakalen Ältesten.

012. Die 24 zodiakalen Ältesten tragen weiße Kleidung und sitzen auf dem Thron in unserem Gehirn.

013. In der Nasenwurzel befindet sich das Atom des Vaters.

014. Das ist das Atom des Willens.

015. Die sieben Schlangen steigen mittels des Willens auf, indem man den animalischen Antrieb beherrscht.

016. In der Hypophyse befindet sich das Atom des Sohnes, dessen Entsprechung im Herzen das Atom Nous (der Menschensohn) ist.

017. In der Zirbeldrüse, innerhalb des Chakras Sahasrara, strahlt der atomische Engel des Heiligen Geistes.

018. Das Atom des Vaters kontrolliert die Nervenknoten der rechten Seite (Pingala).

019. Das Atom des Sohnes beherrscht den Kanal von Sushumna.

020. Das Atom des Heiligen Geistes beherrscht den Kanal von Ida.

021. Deswegen ist dieses Atom innigst verbunden mit unserer sexuellen Kraft, und durch die Strahlen des Mondes innigst verbunden mit der Fortpflanzung der Rasse.

022. *Ich stehe an der Tür und klopfe. Wenn einer meine Stimme hört und die Tür öffnet, werde ich bei ihm eintreten, und ich werde mit ihm und er wird mit mir Mahl halten.*

023. Dies ist die Hochzeit des Lammes mit der Seele.

024. Nachdem wir die sieben Schlangen entlang des Stabes erhoben haben, kommt Er zur Tür und ruft.

025. Er tritt in seinen Tempel ein ...

026. Dann nimmt er das Abendmahl mit uns ein und wir mit Ihm.

027. *Jedem, der siegt, werde ich gewähren, mit mir auf meinem Thron zu sitzen, wie auch ich gesiegt und mich mit meinem Vater auf seinen Thron gesetzt habe.* (Off. 3, 21).

028. Dies ist das Ereignis von Bethlehem, das ist die Weihnacht des Herzens.

029. Dies ist der Abstieg des Christus zu den atomaren Höllen des Menschen.

030. Und es erschien ein großes Zeichen am Himmel: eine Frau, mit der Sonne bekleidet, und der Mond unter ihren Füßen und auf ihrem Haupt eine Krone von zwölf Sternen.

031. Diese Frau, mit der Sonne bekleidet, ist die christifizierte Seele.

032. Sie war schwanger und schrie in ihren Wehen und in der Qual des Gebärens.

033. Und sie gebar ein Kind, einen Sohn, der über alle Völker herrschen soll mit eisernem Zepter. Und ihr Kind wurde zu Gott und zu seinem Thron entrückt.

034. Dieser Sohn ist unser Ich-Christus in der Entstehung und am Ende wird er in uns geboren und verwandelt uns in Christus.

035. Als Jesus im Jordan getauft wurde, sagte ihm Johannes: *Jesus, nun hast Du den Christus empfangen. Nun bist Du ein Christus.*

036. In unserem Gehirn befinden sich 144.000 engelhafte Atome, die alle Atome unseres menschlichen Organismus regieren.

037. Die Hypophyse oder der sechste Sinn ist nichts anderes, als der Diener oder Lichtträger der Zirbeldrüse, wo sich die Krone der Heiligen befindet.

038. Die innerliche Konzentration ist wichtiger als die seherische Fähigkeit.

039. Die seherische Fähigkeit dient allen Bewusstseinsebenen.

040. Schwarze Magier können jedoch die Hellseher in den unteren Ebenen in die Irre führen.

041. Die Dämonen kleiden sich wie Engel.

042. Jeder, der die Ejakulation des Samens empfiehlt, ist ein schwarzer Magier.

043. Durch die äußerste innerliche Konzentration öffnen wir das Auge des Diamanten (die Zirbeldrüse) und treten in die höheren Welten des Feuers ein, wo die Wahrheit herrscht.

044. Der Hellseher, der seine Intuition nicht weckt, kann sich in einen Verleumder und sogar in einen Mörder verwandeln.

045. Die Intuition erlaubt uns die innerliche Realität aller Bilder zu erkennen, die im Astrallicht schweben. Der intuitive Hellseher ist allwissend.

046. Ein Hellseher ohne Intuition ist wie ein Schiff ohne Kompass oder Ruder. Der intuitive Hellseher ist mächtig.

047. Jeder der sieben Chakren der Wirbelsäule wird durch einen atomaren Engel regiert.

048. Und ich sah: Ein anderer mächtiger Engel kam aus dem Himmel herab; er war von einer Wolke umhüllt, und der Regenbogen war über seinem Haupt. Sein Gesicht glich der Sonne, und seine Füße glichen Feuersäulen.

049. Dieser Engel ist unser, mit dem himmlischen Bogen gekrönter Innerster, das Chakra Sahasrara der Zirbeldrüse, deren Strahlung fürchterlich göttlich ist.

050. Und er schrie mit lauter Stimme, wie ein Löwe brüllt. Als er geschrien hatte, sprachen die sieben Donner.

051. Diese sieben Donner sind die sieben Noten des verlorenen Wortes, die in den sieben Kirchen unserer Wirbelsäule ertönen.

052. Jeder der sieben Engel der sieben Gemeinden bläst seine Posaune, lässt seinen Schlüsselton im gleichen Maße erklingen, wie das heilige Feuer von Devi Kundalini durch den Brahmanadi unseres Kanals Sushumna aufsteigt.

053. Sondern in den Tagen, wenn der siebte Engel seine Stimme erhebt und in die Posaune stößt, ist auch das Geheimnis Gottes vollendet; so hatte er es seinen Knechten, den Propheten, verkündet.

054. Das Mantram Aum ist dienlich, um die Chakren des großen sympathischen Nervensystems zu öffnen.

055. Auim für den kavernösen Plexus der Hypophyse, Zentrum der Hellsichtigkeit.

056. Auem für den Plexus der Schilddrüsen, Zentrum des magischen Gehörs.

057. Auom, für das Herz, Zentrum der Intuition.

058. Aum für den Solarplexus, Gebiet des Epigastrium, Zentrum der Telepathie.

059. Auam, für die Lungenchakren, die uns erlauben uns an unsere früheren Leben zu erinnern.

060. Das Aum ist prototattwisch und erlaubt uns, unsere tattwischen Fähigkeiten zu erwecken. Man öffnet den Mund mit dem Vokal A; rundet ihn mit dem U und schließt mit M (das gleiche gilt für die Silben Auim, Auem, Auom, Aum, Auam).

Dritter Teil

Die sieben Siegel und die innere Meditation

Die Sieben Siegel

001. Wenn wir den Ich-Christus gebildet haben, dann tritt Er ein in all unsere Vehikel durch unsere Zirbeldrüse.

002. Dieser Ich-Christus hat die Gestalt eines kleinen Kindes und es kommt aus seiner ätherischen Matrix hervor, um durch die Zirbeldrüse in unseren physischen Körper einzutreten.

003. Das ist der Abstieg des Christus in die atomaren Höllen des Menschen.

004. Das ist das Weihnachten des Herzens.

005. So ist es, wie wir uns in einen Christus verwandeln.

006. Die Natur macht keine Sprünge, und deshalb wird unser Ich-Christus als kleines Kind in uns geboren.

007. Die drei Heiligen Könige verehren Ihn und bieten ihm Gold, Weihrauch und Myrrhe.

008. Diese drei Heiligen Könige sind: der Innerste, die göttliche Seele und die menschliche Seele (Atma-Buddhi-Manas).

009. Der Stern von Bethlehem ist die zentrale Sonne, es ist der große universelle Atem des Lebens.

010. Unser Ich-Christus ist nur ein Partikel dieser zentralen spirituellen Sonne.

011. In unserem Ich-Christus spiegelt sich das gesamte Universum des Pleroma, die gesamten Gedanken Gottes.

012. Unser Ich-Christus ist das Wort ...

013. Das Wort wird Fleisch mit dem Ereignis in Bethlehem, in unserem Herzen.

014. Man muss unterscheiden zwischen den sieben Gemeinden der Offenbarung und den sieben Siegeln.

015. Die sieben Gemeinden sind die sieben Chakras unserer Wirbelsäule.

016. Die sieben Siegel sind die sieben weißen spirituellen Schlangen unseres Ich-Christus.

017. Diese sieben Schlangen sind der spirituelle Teil der sieben Feuersäulen von Devi Kundalini.

018. Die sieben Schlangen des Ich-Christus sind nicht mehr feurig, sie sind jenseits des Feuers, aber sie sind die Ursache des Feuers.

019. Das sind die sieben Siegel der Offenbarung des Heiligen Johannes.

020. Diese sieben Siegel darf nur das Lamm, unser Ich-Christus, öffnen.

021. Und ich sah: In der Rechten hält er, der auf dem Thron sitzt, eine Buchrolle; sie ist beschrieben innen und außen und mit sieben Siegeln versiegelt.

022. Und ich sah: Ein mächtiger Engel rief mit lauter Stimme aus: Wer ist würdig, die Buchrolle zu öffnen und ihre Siegel zu lösen?

023. Aber niemand im Himmel, auf der Erde und unter der Erde konnte das Buch öffnen und es lesen.

024. Dieses Buch ist der Mensch, und diese sieben Siegel sind die sieben spirituellen Schlangen des Ich-Christus.

025. Nur das Lamm darf diese sieben Schlangen erheben.

026. Und ich sah: Das Lamm öffnete das erste der sieben Siegel, und ich hörte das erste der vier Wesen wie mit Donnerstimme rufen: Komm!

027. Wenn das Lamm das erste Siegel öffnet, erscheint das weiße Pferd, Symbol des physischen Körpers.

028. Wenn das Lamm das zweite Siegel öffnet, erscheint das rote Pferd, Symbol des ätherischen Körpers.

029. Wenn das Lamm das dritte Siegel öffnet, erscheint das schwarze Pferd, Symbol des Körpers der Begierden.

030. Wenn das Lamm das vierte Siegel öffnet, bemächtigt sich der Ich-Christus des Mentalkörpers des Menschen und erreicht die Weisheit der großen Erleuchteten. Das ist das gelbe Pferd.

031. Wenn das Lamm das fünfte Siegel öffnet, erscheint die menschliche Seele, gekleidet in weißer Kleidung.

032. Wenn das Lamm das sechste Siegel öffnet, wird die Sonne schwarz, und der Mond erscheint wie Blut und wir sind von großem Schmerz erschüttert, weil das Bewusstsein nur mit Schmerz und Bitterkeit erwacht.

033. Und wenn das Lamm das siebte Siegel öffnet, blasen die sieben atomaren Engel unseres Organismus ihre sieben Trompeten, um den Sieg anzukündigen.

034. *Und wenn das siebte Siegel geöffnet ist, wird Stille herrschen im Himmel für eine halbe Stunde.*

035. So ist es, wie das göttliche Kind von Bethlehem in uns wächst.

036. Das göttliche Kind von Bethlehem muss seinen gesamten Boddhisattwa in sich aufnehmen, und dies tut er, indem er seine sieben spirituellen Schlangen erhebt.

037. Am Ende nimmt das göttliche Kind von Bethlehem seinen Boddhisattwa in sich auf und wirft ihn bis zum Grund des Bewusstseins, damit es hinausgehen kann, in die Welt des Fleisches, um durch die fünf Sinne zum Vorschein zu kommen, wie ein Christus zwischen den Menschen erscheint und das Werk des Vaters verwirklicht.

038. Wir dürfen nicht die sieben feurigen Schlangen der Seele mit den sieben christlichen und spirituellen Schlangen des Ich-Christus verwechseln.

039. Die vier Pferde der Offenbarung sind die vier Sündenkörper, die vier groben Körper die unsere untere Persönlichkeit bilden.

040. Das Lamm muss jede einzelne dieser christlichen Schlangen der Reihe nach erheben, erst eine, dann die nächste und so weiter.

041. Diese Arbeit ist sehr anstrengend und schwer.

042. Der Reiter des weißen Pferdes siegt mit seinem Pfeil und Bogen. Die physische Welt wird unterworfen. Der Reiter des roten Pferdes hat sowohl die Macht, den Frieden zu nehmen als auch die Macht, den Frieden zu geben, weil der ätherische Körper die Basis des physischen Körpers ist.

043. Der Reiter des schwarzen Pferdes muss das Gewicht der Wünsche, die Gier und die niedrigen Leidenschaften besiegen.

044. Der Reiter des gelben Pferdes trägt den Namen Tod und schleift die Hölle und den Tod hinter sich her, weil der Mentalkörper die atomaren Höllen des Menschen bildet, dort wo der Tod regiert.

045. Alle Dinge, die im menschlichen Verstand existieren, gehören der Begierde an und müssen deshalb sterben.

046. Alle Niederträchtigkeiten des menschlichen Verstandes müssen vor den Toren des Tempels sterben. Deshalb hat der vierte Reiter Tod als Namen. Und die Hölle aller Bitternisse folgt ihm.

047. Die Erde ist die Zwillingsschwester von Venus.

048. Alles was sich auf der Erde ereignet wiederholt sich auf Venus.

049. Das Licht der Sonne erreicht die Erde durch Venus.

050. Venus bekommt drei Mal mehr Licht als die Erde.

051. Venus ist der Träger des Sonnenlichtes.

052. Der Genius der Erde muss Anweisungen empfangen vom Genius der Venus.

053. Uriel, der Genius der Venus, ist der Meister von Chamgam, dem Genius der Erde.

054. Wenn das Licht der Sonne durch Venus die Erde erreicht, bleibt uns keine Wahl, als zu Venus zu beten, um den Sonnenlogos erreichen zu können.

055. Venus ist die Liebe ...

056. Kundalini entwickelt sich und schreitet fort durch die Sexualmagie.

057. Gott erstrahlt über dem vollkommenen Paar ...

058. In den Mysterien von Eleusis übte man die Sexualmagie, die heiligen Tänze und den nackten Tanz, um Devi Kundalini zu erwecken und zu entwickeln.

059. In den gepflasterten Höfen der Azteken blieben junge Männer und Frauen monatelang sexuell vereinigt, sich liebend, um Devi Kundalini zu erwecken.

060. Es gibt kein größeres Glück als das der Liebe.

061. Nur indem Männer und Frauen sich anbeten, können sie sich in Götter verwandeln, und alles, was nicht hierdurch geschieht, heißt bedauerlicherweise, die Zeit zu verlieren.

062. Venus ist der erste Stern, der strahlt, wenn die Sonne aufgeht.

063. Venus ist der erste Stern, der strahlt, wenn die Sonne untergeht.

064. Venus ist der Lichtträger ...

065. Venus ist die Liebe ...

066. Gott erstrahlt über den Wesen, die ihn lieben ...

Innere Meditation

001. Die innere Meditation ist ein wissenschaftliches System, um Information zu erhalten.

002. Wenn sich der Weise in die innere Meditation vertieft, so sucht er Informationen.

003. Die Meditation ist das tägliche Brot des Weisen.

004. Die Meditation hat unterschiedliche Phasen:

    1. Asana (Stellung des Körpers).
    2. Pratyara (leerer Verstand).
    3. Dharana (innere Konzentration).
    4. Dyana (innere Meditation).
    5. Samadhi (Ekstase).

005. Zuerst müssen wir unseren Körper in die bequemste Stellung bringen.

006. Bevor wir mit der Konzentration beginnen, müssen wir unseren Verstand leeren, das heißt, wir werden aus unserem Verstand jede Art von Gedanken zurücknehmen.

007. Danach werden wir die Stufen von Dharana, Dyana und Samadhi nach oben steigen.

008. Derjenige, der den Pfad des Jñana Yoga folgt, wird sich in einen Sanyasin der Gedanken verwandeln.

009. Zuerst werden wir unseren Verstand auf den physischen Körper konzentrieren, und nachdem wir über dieses wunderbare Fahrzeug tief meditiert haben, lösen wir den Verstand davon los, indem wir sagen: Ich bin nicht der physische Körper.

010. Danach konzentrieren wir das Denken auf unseren ätherischen Körper, lösen uns davon los und sagen: Ich bin nicht der ätherische Körper.

011. Meditieren wir jetzt tief über den Astral- und Mentalkörper.

012. Diese zwei Körper sind die Säulen des Tempels, die sich auf den kubischen Stein von Jesod stützen. Dieser kubische Stein ist der ätherische Körper. Der Schüler muss innerlich zwischen diesen beiden Säulen des Tempels hindurchgehen.

013. Diese zwei Säulen sind weiß und schwarz (Jakin und Boaz)

014. Auf diese Säulen ist mit Buchstaben aus Feuer das Wort INRI geschrieben.

015. Dieses Passwort erlaubt es uns, zwischen den beiden Säulen des Tempels hindurchzugehen, um in der Welt der Feuernebel zu wirken, ohne materielle Vehikel jeglicher Art.

016. Der Schüler wird tief über diese beiden Säulen, die die Astral- und Mentalkörper sind, meditieren, er wird fest einschlafen, er wird in Gedanken das Mantram INRI singen, indem er den Laut jedes Buchstabens verlängert, um den hohen Ton der Grillen nachzuahmen, bis er erreicht, dass alle diese vier Buchstaben einen hohen Ton haben, einen synthetischen Ton, einen einzigen Klang, ein verlängertes „S“: Sssss....

017. Man muss sich mit diesem zischenden Laut identifizieren. Es ist ein sehr hoher Ton, gleich dem höchsten Ton einer sehr feinen Flöte.

018. Im erhabenen Rom der Cäsaren war die Grille ein heiliges Tier und man verkaufte sie in goldenen Käfigen zu sehr hohen Preisen.

019. Wenn wir dieses kleine Tier in der Nähe unserer Ohren haben könnten, während wir tief über seinen Klang meditieren, so würde dieser hohe Ton den gleichen Ton in unserem Gehirn erwecken.

020. Dann würden wir im Astralkörper vom Bett aufstehen und uns in vollem Bewusstsein zur gnostischen Kirche begeben.

021. Dies ist die feine Stimme, die Apollonius von Thyana erwähnt. Dies ist der süße und angenehme Pfiff, den Elias in der Höhle hörte.

022. Lesen wir einige Bibelverse: *Der Herr antwortete: Komm heraus, und stell dich auf den Berg vor den Herrn! Da zog der Herr vorüber: Ein starker, heftiger Sturm, der die Berge zerriss und die Felsen zerbrach, ging dem Herrn voraus. Doch der Herr war nicht im Sturm. Nach dem Sturm kam ein Erdbeben. Doch der Herr war nicht im Erdbeben.*

023. Nach dem Beben kam ein Feuer. Nach dem Feuer kam ein sanftes, leises Säuseln.

024. *Als Elija es hörte, hüllte er sein Gesicht in den Mantel, trat hinaus und stellte sich an den Eingang der Höhle. Da vernahm er eine Stimme, die ihm zurief: Was willst du hier Elija?* (Könige 19, 11-13)

025. Der Schüler soll, nachdem er eingeschlafen ist, tief über die schwarze Säule (den Astralkörper) meditieren, soll das süße und angenehme Pfeifen hören und sagen: Ich bin nicht der Astralkörper.

026. Der Schüler soll anschließend über die Wirbelsäule (den Mentalkörper) meditieren und versuchen, den süßen und angenehmen Klang zu hören, die feine Stimme, die Essenz von INRI, das zischende „S“, den höchsten Ton der Grillen des Berges und indem er sich anstrengt, tief zu schlafen, löst er sich vom Mentalkörper und sagt: Ich bin nicht der Mentalkörper.

027. Der Schüler wird jetzt seinen ganzen Verstand auf den Willen konzentrieren und sich anschließend vom Willenskörper lösen, indem er sagt: Ich bin ebenso wenig der Wille.

028. Der Schüler wird seinen Verstand auf das Bewusstsein konzentrieren, auf Buddhi (den Bewusstseinskörper), und er trennt sich jetzt von diesem wunderbaren Vehikel, indem er sagt: Ich bin ebenso wenig das Bewusstsein.

029. Nun soll sich der Schüler auf seinen Innersten konzentrieren, er soll noch tiefer schlafen, eine kindliche Haltung einnehmen und sagen: Ich bin der Innerste. Ich bin der Innerste. Ich bin der Innerste.

030. Der Schüler soll noch tiefer schlafen und sagen: Der Innerste ist nur der Sohn des Ich-Christus.

031. Der Schüler soll tief über den Ich-Christus meditieren.

032. Der Schüler soll nun versuchen sich mit dem Ich-Christus zu verschmelzen. Der Schüler versuche nun sich mit Ihm, Ihm, Ihm zu verschmelzen.

033. Der Schüler sage nun zu sich selbst: Ich bin Er. Ich bin Er. Ich bin Er.

034. Das Mantram *Pander* erlaubt es uns, uns mit dem Ich-Christus zu identifizieren, um wie Christus im Universum des Pleroma zu handeln.

035. Der Schüler soll nun tief einschlafen. Der Schlaf ist die Brücke, die uns erlaubt von der Meditation zum Samadhi zu gelangen.

036. Es gibt verschiedenen Arten von Samadhi:

1° Astrales Samadhi

2° Mentales Samadhi

3° Kausales Samadhi

4° Bewusstes Samadhi

5° Samadhi des Innersten

6° Samadhi des Ich-Christus

037. Im ersten Samadhi treten wir nur in die Astralebene ein. Mit dem zweiten Samadhi reisen wir mit dem Mentalkörper durch das All.

038. Mit der dritten Art von Samadhi können wir ohne materielle Vehikel jeglicher Art in der Welt des Willens wirken. Mit der vierten Art von Samadhi können wir im buddhischen Körper durch das All reisen.

039. Mit der fünften Art von Samadhi können wir uns ohne Fahrzeuge jeglicher Art im Innersten, durch die Welt des Feuernebels bewegen.

040. Mit der sechsten Art von Samadhi können wir im Ich-Christus wirken.

041. Es gibt noch eine siebte Art von Samadhi für die großen Meister des Samadhi. Wir können dann die Zentren besuchen, worauf sich das Universum stützt. Diese Kerne, allegorisch gesprochen, sind Löcher, durch welche wir die fürchterliche Majestät des Absoluten beobachten können.

Der Friede des Vaters sei mit euch.
Samael Aun Weor

Glossar

Absolut: Das universelle Prinzip des Lebens, das Unerkennbare, die Essenz alles Existierenden im Kosmos. Das Ain Soph der Kabbalisten, der Alte der Tage, der hinduistische Brahman, das Unmanifestierte der Okkultisten, der unendliche Vater der Christen, usw.

Agni: Ist das Feuer, der Gott des Feuers in den Veden.

Agni Yoga: Sein Zweck ist die Beherrschung der inneren Energien des Menschen, um seine Befreiung zu erreichen. Feuriges Yoga oder Yoga des Feuers.

Ahamkara: Das Bewusstsein seiner selbst, das Gefühl seiner eigenen Individualität, von Selbstidentität.

Ajna: Stirnchakra (Gemeinde von Philadelphia). Durch zwei Blütenblätter und 96 Strahlen gebildet, befindet sich im Raum zwischen den Augenbrauen und ist mit der Hypophyse verbunden. Es ist das sechste Chakra, in der Bibel nennt man es die Gemeinde von Philadelphia.

Akasha: Die sensibelste spirituelle Essenz, die alles im Universum durchdringt. Urmaterie, Gebärmutter des Universums, woraus alles Existierende, durch Unterscheidung geboren wird.

Amrita: Das Wasser des Lebens der indischen Mythologie, der heilige Saft «Soma». Der Nektar süßen Ambrosias, die Nahrung der Götter, welche die Unsterblichkeit verleiht.

Anahata: Ist das vierte Chakra und hat 12 Blütenblätter. Es befindet sich im Herzplexus und ist mit der Thymusdrüse (Gemeinde von Thyatira) verbunden.

Anu: Grundlegendes nirvanisches Atom.

Anubis: Alter ägyptischer Gott, dargestellt mit menschlichem Körper und dem Kopf eines Schakales. Regent des Tribunals des Karmas.

Ära: Einer von zwölf Teilen, in die das siderische Jahr geteilt ist (Zeitspanne, die das Sonnensystem braucht, um den Gürtel der Tierkreiszeichen zu durchwandern).

Arhat: Ist der perfekte Mensch. Derjenige, der den achten Pfad durchschritten hat. Der die Befreiung erreicht hat.

Asana: Körperhaltung für die Konzentration und Meditation.

Atman: Das erste Prinzip des Menschen. Der Innerste.

Avalokiteswara: Das Wort Gottes. Das Heer des Wortes.

Avatar: Freiwillige Inkarnation eines Wesens, eines Gottes oder eines Logos, der menschliche Gestalt annimmt, um Lehrer der Welt zu sein. Der Begründer einer neuen Ära.

Avitchi: Atomare Höllen des Menschen.

Boaz: Es ist die linke Säule, eine der beiden, die sich vor den Toren jedes Tempels der Einweihungen befinden.

Brahma: Das universelle Prinzip des Lebens, woher die Schöpfung stammt. Erste Person der Trimurti (Dreiheit): Brahma, Shiva und Vishnu.

Brahama-Nadi: Es ist der zentrale Kanal des Nadi Chitra, in der Kundalini aufsteigt und welche sich im Nadi Sushumna befindet.

Brahma-Randhra: Stirnfontanelle der Neugeborenen.

Buddha: Der Mensch, der das befreiende Wissen erlangt hat. Es ist auch der Mensch, der schon seine menschliche Seele besitzt, der sie schon gebildet hat.

Buddhi: Die göttliche Seele, das zweite Prinzip des Menschen, die Intuition, bekannt als Vehikel von Atman.

Balaam: Doktrin des gefallenen Engels Baal. Synonym der schwarzen Magie.

Brahmari: Art von Pranayama, bei dem während der Ausatmung ein Ton wie das Summen einer Biene entsteht.

Boddhisattwa: Im strengen Esoterismus wird der Ausdruck für jene gebraucht, die sich selbstlos für die Menschheit opfern und welche durch ihren Rang die Meisterschaft erreicht haben. Es sind auch jene Wesen, die Ihre Befreiung erlangt haben und auf das Glück des Absoluten verzichten, um zu bleiben und jenen Wesen zur Befreiung zu verhelfen, die leiden und in Unwissenheit und Schmerz versunken sind.

Chaos: Die große Tiefe. Zustand, als alles flüssig war und der universelle Geist im unendlichen All das einzig Existierende war.

Cauda equina: (Pferdeschwanz) Wurzeln oder sehr dünne Nervenfasern, die das Ende der Wirbelsäule bilden.

Chakra: Rad, Kreis oder magnetische Scheibe des Astralkörpers. Sie sind Zentren der Verbindung und Verknüpfung, wodurch bestimmte Arten und Unterarten von Energien fließen; sie sind mit den Drüsen verbunden und verleihen uns, einmal entwickelt, höhere Fähigkeiten.

Chamgam: Der Genius der Erde.

Chitra: Nadi, das entlang der Wirbelsäule verläuft, im Inneren des Kanals Sushumna.

Kosmischer Chrestos: Das Heer des Wortes, das große Wort, die Elohim. Avalokiteswara, Kuan Yin.

Devi: Göttin oder große Göttin, Ehefrau von Shiva (der Heilige Geist).

Dharma: Das, was wir für unsere guten Taten erhalten.

Dharana: Absolute Konzentration des Verstandes erreicht man mittels der Meditation.

Drachen (der Weisheit): Der kosmische Christus, der unaufhörliche Atem des Absoluten, der in den Tiefen unseres Seins wohnt.

Dhyana: Meditation, Betrachtung. Verschmelzung mit dem Objekt der Meditation.

Dhyan-Choans: Die Herren des Lichtes oder der Flamme. Devas oder höhere Götter, Geist der Planeten.

Heer der Stimme: Heer der Elohim. Die Kosmokratoren.

Elixier (des ewigen Lebens): Gasförmig und flüssig zugleich, das sich in der vitalen Basis des Eingeweihten, der es sich verdient hat, anlagert und mit dem er seinen physischen Körper erhalten, und während Millionen von Jahren leben kann.

Elohim: (Götter und Göttinnen). Ist das manifestierte Eine.

Fohat: Das göttliche Feuer. Ist der universelle Geist des Lebens.

Indriya: Sinn, Kraft, Fähigkeit, Macht. Feines (psychisches) Organ, das mit einem physischen Sinn verbunden ist, seine Entwicklung führt uns zur Beherrschung der Sinne, es zügelt und kontrolliert die Begierden.

Jachin oder Jakin: Eine der zwei Säulen, die sich am Eingang jedes Tempels der Einweihung befinden, wobei diese die rechte ist.

Jivan: Adept oder Yogi, der einen hohen Grad der Perfektion erreicht hat.

Kali: Hinduistische Göttin des Todes und der Zerstörung.

Kanda: Zwiebelförmiger Knoten oder Wurzel mit etwa zehn Zentimeter Größe zwischen den Sexualorganen und dem Anus.

Kalki Avatara: Botschafter des Kali-Yuga Zeitalters.

Kama-Rupa: Körper der Begierden, Sitz der Emotionen und Leidenschaften. Niedriger Astralkörper.

Karma: Gesetz von Ursache und Wirkung, Handlung und Konsequenz.

Kriyashakti: Die Macht des Willens und des Yogas.

Kundalini: Die sexuelle und elektrische spirituelle Schlangenkraft, die sich verborgen im menschlichen Wesen und in jeglicher organischen und anorganischen Materie befindet.

Kahn Yin: Das Heer des Wortes.

Lakshmi: Göttin des Glücks und der Liebe, Gemahlin von Vishnu.

Laya: Punkt Null oder des Gleichgewichts.

Linga-Sharira: Vitalkörper oder ätherisches Doppel.

Logos: Das Wort, der Demiurg Architekt des Universums.

Maha-Choan: Ein großer Meister. Jener, der seine sieben Schlangen erhoben hat.

Mahakalpa: Großer Zyklus oder Mahamvantara.

Maha-Kundalini: Das universelle Feuer des Lebens.

Mahamvantara: Große Periode der kosmischen Aktivität. Ein kosmischer Tag sind 311.040.000.000.000 irdische Jahre.

Niederer Manas: Der Verstand, der Mentalkörper.

Höherer Manas: Der Wille, die menschliche Seele.

Manipura: Chakra der Nabelschnur.

Maitreya: Der Buddha des neuen Wassermannzeitalters.

Höhere Mysterien: Einweihungsmysterien der Entwicklung des Feuers von Kundalini.

Moría: Großer Meister der höheren Mysterien.

Mudras: Handstellungen, um bestimmte magische Handlungen auszuführen.

Mukta-tribeni: Ort, an dem sich die drei Hauptnadis im unteren Teil der Wirbelsäule vereinen.

Muladhara: Das Steißbeinchakra. Es hat vier Blütenblätter.

Mulaprakriti: Urstoff, Wurzel- oder Grundmaterie, die das All vor der Schöpfung gefüllt hat.

Nadis: Nervenkanäle, durch welche die Energien der Chakras fließen.

Nirwana: Welt der Götter.

Om: Mantram, wird benutzt als feierliche Anrufung, Bejahung und Segnung in Hinduismus.

Padmansana: Sitzposition mit gekreuzten Beinen, eines über dem anderen, mit aufgerichtetem Körper.

Parabrahman: Das höchste ewige Prinzip, das Absolute.

Paramartha: Die höchste Realität. Die absolute Wahrheit. Der Mensch mit völlig erwecktem Bewusstsein.

Paramarthasatya: Ein Bewohner des Absoluten.

Paranishphanna: Das absolute Glück.

Patala: Unterweltsregion im Hinduismus.

Pleroma: Die Fülle des Göttlichen in seinem unmanifestierten Zustand.

Píngala: Kanäle oder Nadis, die mit der Zeit die solare Energie mittels der Transmutation von den Keimdrüsen durch die Wirbelsäule leiten.

Prajapatis: Die Pitris oder regierenden Väter der Menschheit.

Prakriti: Die Natur, das ursprüngliche Chaos, woraus alles hervorgekommen ist.

Pralaya: Kosmischer Tag.

Prana: Die Energie, das universelle solare Leben.

Pranayama: Atemübung, um die Transmutation zu lernen.

Prithvi: Tattwa der Erde

Purusha: Der Innerste

Rajas: Einer der drei Ursprünge oder wesentlichen Eigenschaften. Prinzip der Emotion.

Sahasrara: Das Kronenchakra oder das der tausend Blütenblätter.

Sardis: Gemeinde von Sardis, Kehlkopfchakra.

Sat: Der Innerste. Einer der drei Eigenschaften von Brahma. (Sat, Chit, Ananda: Sein, Intelligenz und Glückseligkeit).

Sephiroten: Göttliche Atome. Göttliche Emanation.

Samadhi: Zustand der Ekstase. Mystische Verzückung, die man während der Meditation erreicht.

Shabda: Der Klang Anahat, der im Nadi Sushumna ertönt.

Shiva: Dritter Teil der hinduistischen Dreieinigkeit. Der Heilige Geist. Der Innerste des Menschen.

Siddhis: Attribute der Perfektion. Psychische Kräfte.

Sitakari: Art von Pranayama.

Sthula-Sarira: Physischer Körper.

Suryabedana: Art von Pranayama.

Sushumna: Der zentrale Kanal der Wirbelsäule, durch welchen die Kundalinienergie steigt.

Swadhistana: Das zweite Chakra, das sich im Prostata- bzw. Gebärmutterplexus befindet.

Swara: Wissenschaft der Atmung.

Tamas: Einer der drei Ursprünge. Prinzip der Trägheit.

Tattwas: Schwingungen des Äthers.

Thyatira: Eine der Gemeinden der Offenbarung des hl. Johannes (Chakra Anahat).

Tribeni: Stelle, an der sich die Nadis Ida, Pingala und Sushumna zwischen den Sexualorganen und dem Anus treffen.

Ujjayi: Art von Pranayama.

Urdhva-Padmasana: Asana des Lotus in der Position eines Kopfstandes.

Usté, Usthi: Begierde.

Vajroli-Mudra: Übung für die sexuelle Umwandlung.

Varuna: Guru-Deva Regent des Wassers. Tattwa der Luft. Ätherisches Prinzip der Luft.

Veden: Die heiligen Bücher des Brahmanismus.

Vishnu: Zweite Person in der indischen Dreiheit (Brahma, Vishnu und Shiva). Der Logos.

Vishuda: Fünftes Chakra oder Kehlkopfchakra mit 16 Blütenblättern.

Wassermannzeitalter: Die Ära, mit der das siderische Jahr beginnt oder endet. Das aktuelle Wassermannzeitalter hat am 4. Februar 1962, zwischen zwei und drei Uhr nachmittags, begonnen.

Wirbelsäulenbulbus: Verdickung des Rückenmarks in seinem obersten Teil.

Yoga: Vereinigung mit Gott.

Yogi: Östlicher Asket.